柳田國男先生像（昭和24年奈良にて）

朝日新聞社主催の文化講座のため西下したときに撮影．民俗学研究所解散のおり著者の労をねぎらい署名して授けられた．

葉　書　1

猛暑のなか四国地方の野外調査をつづけ疲労のため入院加療の著者に対する懇篤な見舞状（昭和34年11月25日付）.

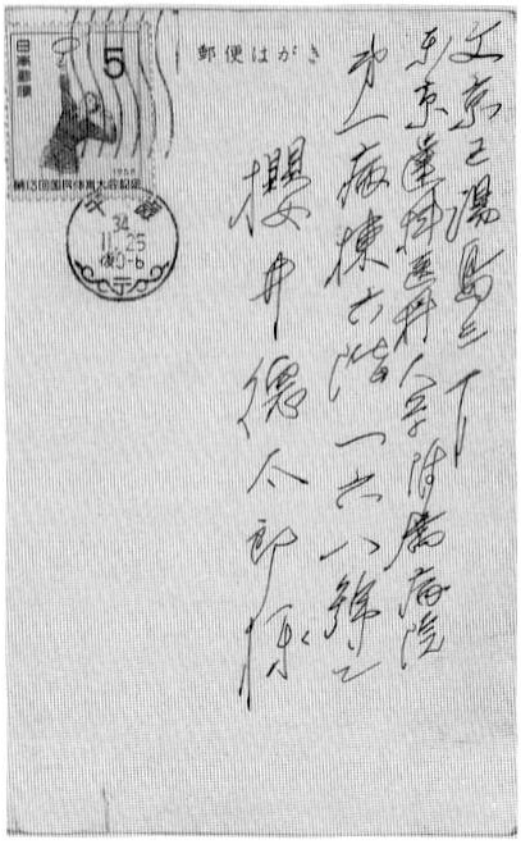

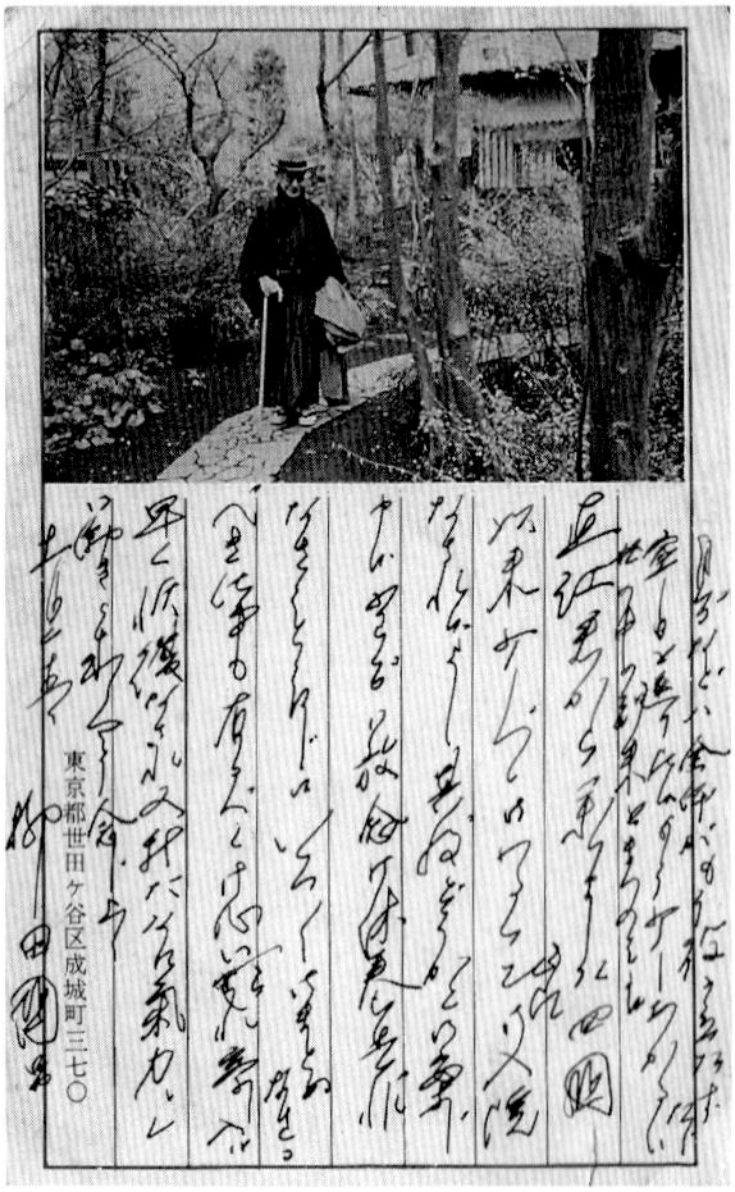

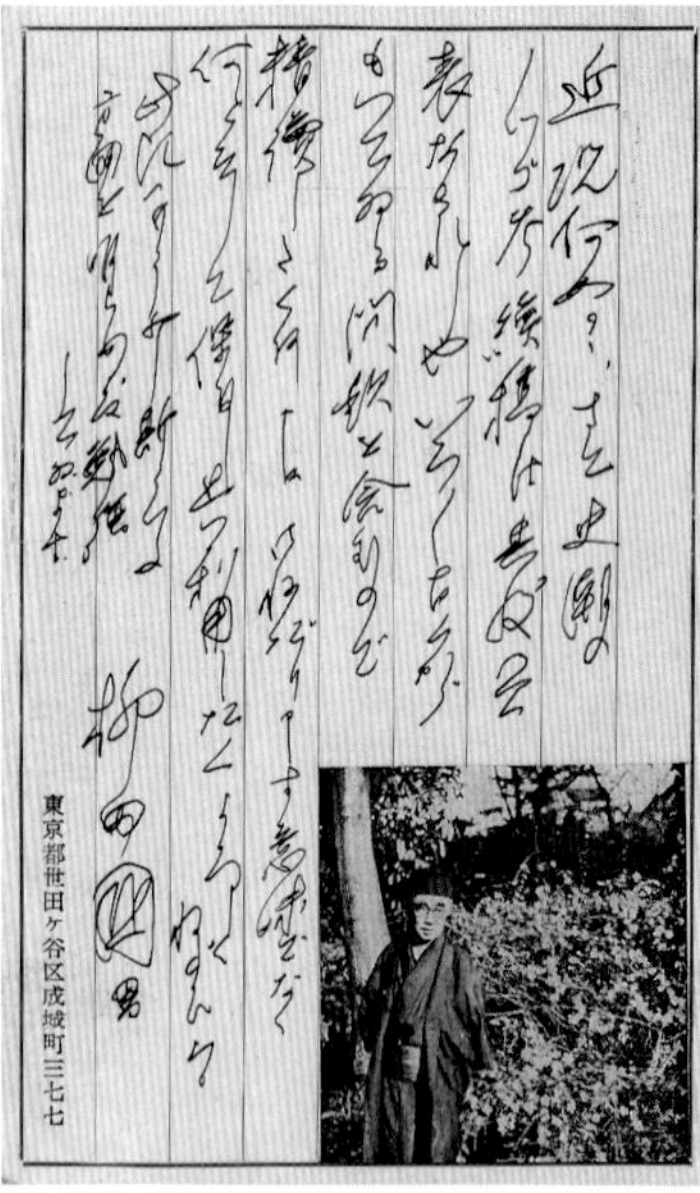

葉　書　2

著者が届けた論文「ノツゴ考」について「古くからもってゐる問題を含む」ので「精読し利用したい」と続稿を出すよう励まされている（昭和36年６月６日付）.

私説
柳田國男

櫻井徳太郎

吉川弘文館

まえがき

ことしは近代日本民俗学の創始者《うみのおや》、柳田國男先生の没後四十年にあたる。その間幾たびも、いわゆる柳田ブームがおこり広い分野にわたり柳田の思想・学問は世間の注目の的となった。けれども、その中心となるべき日本民俗学会がことさらに取り挙げて検討するべき企てを、唯一、生誕百年を記念して催した国際シンポジウム「日本文化の特殊性と普遍性」だけに限ったというのも、無責任な感がしないでもない。

ひとつには、没後の日本民俗学界をリードした柳田の門弟たちが、余りにも偉大な師の存在に恐懼《きょうく》して、語ることを快《こころよ》しとしなかったからであろう。そしていまひとつは、師が晩年に意をこめて力説し、結局はそれが遺言ともなった「民俗学体系」の完成を、果たせなかったことへの慙愧《ざんき》の念であった、と思う。

このふたつの理由は、生前に直接の教えをうけた門弟に共通するところから発していると考えられる。しかし、それは未熟な自身の不勉強を糊塗《こと》するための自己弁護にすぎなかったと反省している。

だが優秀な高弟のなかには、多くの論著を発表して師説を発展させているし、また没後に新しく学会に入った気鋭の士は、新知見によって柳田を批判し斯学の再生に情熱を燃やしている。つまり柳田國男を客観的に対象化して論じて学界をにぎわしている。ところが不肖の私には、それができないまま長い時間をすごしてしまった。まことに腑甲斐ないと誹《そし》られても反論の余地はない。

おそらく生涯にわたり師をかたる機会はなかろうと思っていた矢先、平成十二年十二月十日の日本民俗学会例会の「談話会」において、ともに柳田の創立した学会と民俗学研究所との関係について発表するよう依頼があった。その構想を練っているうちに、私の民俗学形成に投影された柳田学の深い楔《くさび》が、あの時期に打ちこまれたことに思いをいたし、親しく膝下にあって薫陶をうけた人生最良の日を偲ぶこととなった。

それからは不思議にも夢のなかに師の姿が現われるようになった。ときには温顔に笑《えみ》をたたえて民俗をかたり、あるときには学問の頽廃を嘆き厳しく叱咤される。往時のままの顔《かんばせ》は、ときには近くはっきりと、あるいは遠く幻《まぼろし》のごとくに……。それが起縁となって、来る平成十四年が没後四十年の節目にあたるから、それを期して記念となるものを遺したいとの念慮がわいてきた。

本書がそれに適《ふさ》わしいかどうかは甚だ疑問である。だいいち近くにあった身とはいえ、血縁につらなるわけでもなく、側近の重い地位に侍したこともない。したがって師との交流がそれほど頻繁であったとはいえない。しかしながら、その僅かに体験した直接の出会いで受けた印象、生ま生ましい緊迫感は、永く念頭を離れることがなかった。しかも時がたつにつれて、いっそう鮮やかによみがえってくる。所収の論稿はすべて没後に発表した文章であるけれども、筆者にとっては、じかに師をかたった唯一の著書である。前半は外からの依頼に応じて綴った文をあつめ、私の眼に映じた師の人間像にふれている。また後半では師の民俗論を吸収し理解しながら、そこからの新しい展開をもとめて苦悩した一端を並べてみた。各位のご批判を仰ぎたいと希うしだいである。

柳田先生没後四十年にあたる平成十四年の師走なかばにしるす

櫻井徳太郎

目次

柳田國男との出会い

――『国史と民俗学』――

人生において、その運命を決めるいくつかの出会いがあると同様に、ものの考え方や思索を深め転回する契機に、一冊の書が大きな役割をはたすばあいもすくなくない。それも頭脳のはたらきがなめらかで、しかも世俗的なこだわりにまきこまれることなく、自由な発想と展開とを気兼ねなく自在に駆使できる青少年期の出会いがものをいう。結婚の相手をきめる適齢期の青年子女が、そのときおかれている職場や生活環境、そして交友の範囲を中心としながらも、まったく偶然の出会いが最後の決め手となり、爾後の人生を大きく左右する。それに似た経験を味わった人びとは案外にすくなくないのではなかろうか。私が民衆の生活文化を探究する民俗学の畑へとびこんだのも、似たようなきっかけからであり、その出会いが柳田國男の数多い著書論文との対面であったことを、しみじみと回想しているわけである。

日本が破滅への道をまっしぐらに進んだ、いわゆる太平洋戦争の時期に青春のすべてをかけた私は、多くの同世代の青年とともに、身命を国家のために献げることを信条とし、その実践を最高の美徳と考えていた。しかしながら、そうしたナショナリティが、自我の充分確立しない幼少期から培われた皇民主義教育の影響であったことはいうまでもない。個人や家・地域共同体の存立は国家によって保障されているのだから、その存立が危殆に瀕したときには防衛のため立ちあがるのが当然である。そういう単純で短絡的な論理に裏打ちされた国民道徳観にもとづくものであり、それが世論を形づくっていたからそれに随順するという、いまからみると、まことに恥ずかしいしだいであるが、多数順応の他律的考え方に迎合していたと反省させられる。

けれども当時は純情な青年の一人として真剣であった。自己や家族や国民が天皇や国の支えによって生きてゆけるとしたら、たいへんなお蔭をうけている。民間では、他人から親切にされ、お蔭をこうむることがあると、ご恩をうけたと観念し、次にはこちらからご恩返しに何らかの意思を表わさねばならないとする慣行がある。それと同じ様に、ご恩をうけた天皇や国にご恩返しをするのが当然であろう。つまり報恩の思想があり報恩の行為がある。それが国民道徳の基盤であり、日本的な国家観、天皇観をささえる国民感情であったのではないか。そういう認識から日本の歴史上に展開する報恩の考え方、具体的事実などを徹底的に問いつめてみようと決心し、勤労動員にかり出されたり空襲に逃げまどうなかで、わずかの隙をみつけてまとめた卒業論文が「報恩思想成立史試論」(未刊)という題目であった。

誰でもがそうであるように、ひとつの論文を仕上げるだけでも、いくつかの壁に打ちあたって絶望する。私の卒論もまたその例外であることができなかった。なかでも突きあたった大きな壁は、日本人の報恩観の実質は何かという点であった。すくなくとも史実にてらして検討すると、それはきわめて多元的で、貴族・武家・町人・生産民ごとに大きな違いがあるし、時代ごとの発想も大きくゆれ動いている。じっさい一元的に天皇や国家へ吸収、統轄されるようなナショナリズム的報恩観など、どこを探しても見あたらない。いまからみれば、それは当然のことであり、区々たるところの事件に多様な報恩観の面目が躍如として現われているわけで、何も疑問とするほどのことではない。しかし当時は戦時下であり、何がなんでも天皇中心の国民的統合を期すべしとの主張が絶対的で、客観的に冷静に実態を眺めようとする心のゆとりがなかったのであろう。実相と隔った世論との矛盾につきあたり、どうしたらそのネックを乗り越えてゆけるのか、日夜懊悩しながら苦しい日々を送っていた。

ここで柳田との出会いがはじまるけれども、それを述べる前にかいつまんでつきあたった壁の内容に触れておかなくてはなるまい。

まず平安期の王朝に仕えた公家たちの報恩観である。かれらの遺した日記や和漢の詩歌集には、しきりに天皇の御恩の絶対性を強調する文言が並べてある。たとえば「朝恩は無涯《むがい》なり」とか「年来しきりに朝恩をこうむる」とか「量《はか》るべからざる鴻《こう》恩なり」などの辞句が、随所で掲出されている。それにつづいて「海岳の皇恩、何をもって報えるべきか」とか「何をおいても君恩に報いざるべけんや」などと強烈な報恩意識を吐露している。一人の高級公家、藤原実資《さねすけ》は、老体のゆえに輦車《れんしゃ》の宣旨《せんじ》をうけたのに感激し、朝恩は「宏大無辺」だと感泣し、「粉骨して朝務に随い、鴻恩に報いるためには、あえて死を辞さない」とまで述懐している（『小右記』）。これなどは、太平洋戦争中の天皇中心主義者とほとんど変らない報恩観で彩られているといってよい。

ところが、公家たちの恩意識を支えているのは官位や官職の特別な昇進とか、病気の見舞や褒賞など、個人に対して与えられた特別の恩典である。この点では明治以来の官僚や職業軍人たちが皇恩に感服するケースとあまり変わらないし、源平争乱以後の武家たちが、封禄の給与をうける代りに合戦において主君のために命を落とすことを報恩の第一にかかげている意識と大同小異である。つまり平素から一家・一統・一族の存立を保障する御恩を直接いただいている対象にたいしてであって、いずれも同工異曲の心情に端を発しているといえよう。

いずれにしても、報恩とは一定の規準を超えて特別な恩顧をうけたものがそれに感銘し、それを忘れることなく（忘恩こそが最大の非難）そのご恩に対し何らかの報謝対応を示す、そのご恩返しの行為をさす。何をおいても報恩の行為をなすべしとする倫理観念がまずあって、それが社会を支配する道徳律へと定着し、やがて慣行化して人びとを規制するわけである。とすると、当然ながら報恩慣行は地域ごと階層ごとに差違が生じ、また何に対しての報恩であるのか、その対象ごとに多様な方式が生まれ多元的様相を示す。それを一つに限定して国家なり天皇のみに集約してしまうのは、強説の誹《そし》りをまぬかれないし、報恩の実態を歪曲してとらえることになる。

日本人の恩観念が天皇や国家に集中するよう仕向けたのは、いうまでもなく国家主義《ナショナリズム》を至上とする国民道徳論者や国家権力によってであった。つまり天皇や国家権力にもっとも近く、その恩典をもっぱら享受独占する側からの発想ではないかという疑念が、この問題を追及する作業をつづけているうちに、むらむらと頭をもたげてくるのを止めることができなかった。そしてその懐疑は、中世初頭、鎌倉新仏教創始者の諸説をひもとくにしたがって、いっそう募ることとなった。

日本人の生活信条に大きな影響を与えたのは儒教であり仏教であったが、ことに仏教思想が深く浸透している。そこで私の志向はしだいに仏教の報恩観分析へと矛先を向けるようになった。南都六宗から王朝時代の顕密二教、そして鎌倉期の初頭に旧仏教を批判して新しく抬頭し、人びとの生き方を左右した浄土教や禅宗、日蓮宗などの始祖による教説や行履《あんり》をひろく点検するために、その著論を渉猟し報恩思想の解明に精力を集中することにつとめた。そして、それが俗世間の民間衆生にどうけとめられたかの追跡に、力を尽くしてみたのである。

いずれの宗派の開祖たちも、報恩の重要さを力説している。ことに浄土真宗では祖師親鸞の忌日にあたり、その追善供養の法会を盛大に挙行し、それを報恩講と名づけ、その執行を信徒に義務づけている。栄西も道元もまた日蓮も、所論のいたるところで報恩の重要性を強調し、報恩のつとめに献身することが僧俗の区別なく人の世に生きるものにとって大切であること、それが鳥獣魚虫のいわゆる畜生と人間とを区別する根本的なけじめだと繰り返し説いている。この点では宗派の違いを超えて一致する。

それならば、報恩の対象となるのは具体的に何であるのか。何に対して報恩のつとめを果たさねばならないのだろうか。

まず第一にあげられるのは父母の恩に対してである。存覚の『報恩記』には「父母に孝養を尽くすのはきわめて大切で、生前には孝順と養育につとめ、死後は追善供養にはげむべきである。それが報恩謝徳の具体的行為だ」と記してある。若干ニュアンスの違いはあっても血肉を分けた親に対する恩義を説く点においては各宗とも共通している。

ついで第二に指摘されるのが師長に対していだく恩意識であろう。存覚は父母につづいて師長の恩にふれ、「君長や師主の恩のふかいことは内典のみならず外典でも述べている。ことに大事なのが師の恩で、弥陀の法を授けてくれた師恩こそ父母の恩に優先する」。だから師主知識の恩徳には、骨をくだいてでも報謝しなければならない。この点、道元になるといっそう徹底し、「善くもあれ悪しくもあれ仏祖先徳の行履に随うべきである。」それが禅の極意であって、仏祖からうけた伝法の恩沢はまことに深い。だからねんごろに報謝しなければならない。もし恩をうけてそのまま放置するならば、畜類に劣るところ大なるものがあろう。と仏師に対する絶対随順と徹底的報恩をもとめている。

父母や君長をこえて師長を仰がねばならないとする論拠は、かれらが仏道修行の出家者であり仏法の伝道者であるからである。出家得度の士は、父母に対する恩愛の絆をたちきって入信したのであるから、世俗の事にかかずらっていては本来の道をすすむわけにゆかない。得度のためには親さえ捨てる覚悟が肝要であろう。そして専ら祖師先徳の教えをうける道一筋に向う、それが出家者のあるべき姿で、真実の報恩は仏意にかなうこと祖師の教えにしたがって仏法の実現につとめることである。究極のところは仏祖の大恩に報謝することで、それが最高の報恩となる。だから、これを実現しさえすれば、先師知識も君長も、はたまた父母に対しても十分にその旨趣が貫徹した結果をもたらす。まさしく仏教的報恩観に尽きるといってよかろう。

かならずしも君長の恩の重要さを説かず、仏恩や祖師の恩を最高に評価した仏教的報恩観が、どうして武士団の棟梁や封建的領主に対する絶対報謝を最高美徳とする武士社会に受容されたのか、あるいは荘園や郷村の地域共同体の領民に歓迎されたのか、その経緯を論理的に説明するのは大変むつかしい。この矛盾をどう解決したらよいかのデッドロックにのりあげた私は、羅針盤を失って大洋をただよう船のように混迷のなかをさ迷いながら、神田や本郷の古本街を訪ねまわって生きる方途を模索していた。

そのころは太平洋戦争も末期にはいり、物資の欠乏は出版界にもひびき、印刷用紙の割当配給などの制限をうけ、学術書の発刊も大きく統制されていた。しかし在野で論陣をはっていた柳田國男は、まだ十分に理解されない新興の民俗学を普及させるため、かたい学術論文の形をさけ、親しみやすい文体で語りかける論述に力をいれておられたようである。たとえば創元選書の著書などがそれで、

『木綿以前の事』『雪国の春』『秋風帖』『海南小記』『食物と心臓』『妹の力』などが店頭の書架をかざっていた。しかし生意気ざかりの私は、もっぱらアカデミズムを標榜していて、それとかけはなれた柳田の著論に目を向けることなく、手を触れる気さえもたなかった。いまでは、その喰わずぎらいのマイナスを取りかえしえないで悔やんでいるのだけれど、覆水は盆にかえらないのである。

卒論が壁にあたって、にっちもさっちも動けなくなった暗鬱の思いを何とかして吹きとばそうと、とにかくしゃにむにの古書店通いがつづいた。なんでも手当りしだいに手にとり拾い読みをしているうちに、柳田の民俗学ものが心を惹くようになってきた。何といってもその書名が何々の研究といった学術書とちがい、ユニークであり奇抜で意表をつくところがある。文章はやや晦渋《かいじゅう》であるけれども内容は日常生活の具体に触れ機微を説くところが多い。急転直下、柳田のファンとなり熱中するうちに、爾後の学問観にコペルニクス的転換をもたらしたともいえる『国史と民俗学』の一冊を発見したわけである。

この本のなかに収められた同名の論文は、すでに昭和十年、岩波書店が企てた講座「日本歴史」一七巻で公表され、歴史学界に渦紋を投じたものであった。それを、このときまでに知らずにいたというのであるから、たとい一介の書生であるといっても、いかに学界の動向にうとかったか恥じなくてはなるまい。しかしおくれたといえども、この論文に触れたときのショックはいいあらわしようのない大きなものであった。

何といっても、それまでの史学が文献第一主義であり、文書や記録だけを証拠資料とする狭さを指摘している点である。しかも多くの文献資料はまったく偶然の機会でのこされたもので、いわば偶発史料といえる。それによって歴史像の復元をはかることがいかに一方的でありナンセンスであるかを鋭くついている。たとい文献などの形でのこっていなくとも、マチやムラに住む、いわゆる常民たちは、日常生活の営みのなかで多くの技術や文芸をつくり出し、つぎつぎと世代伝承を繰り返すことによってユニークな常民文化を造成している。それが歴史をささえる大きな基盤となり生命力の源泉となっている。それを忘れた歴史の探究は、ただいたずらに実体から遠いところをまさぐっているにすぎない。このとりこぼした民俗文化のなかにこそ、日本人のものの考え方や文化・思想の原点を汲みとることができる、というわけである。

民俗学が学界で市民権をえた今日では、これらの点をいちいち気にする必要はないであろう。けれども、昭和十年代におけるアカデミズムの学界ではほとんどその意義がみとめられていなかった。それだけに私のショックもまた大きかった。爾来、柳田の民俗学に傾倒して半世紀余りの歳月を送ってきたことになる。

けれども、こうした柳田の民俗史観、民俗の視点から歴史をよみとろうとする見解は、私の卒論に直接大きな影響を及ぼす結果とはならなかった。しかし、日本人の恩の観念、そして報恩観の分析を、知識人の記した資料とか、高僧とよばれるほどの偉大な宗教者の言説に仰ぐのではなく、国民の大多数を占める名もなき民衆の伝承生活にもとめ、けっきょく根がそこにあることの認識に立って再考しようとする方向を打ち出すことになった。常民の社会で醸成された報恩観が、日常生活のなかで培われた共同体のコミュニケーション、とくに贈与交換のポトラッチ的つきあいからであったことを教えてくれた、あの柳田の考えに出会うことがなかったら、その後の自分はどうなっていたであろうか、まったく見当もつかないしだいである。

コラム

柳田学で実った幼少期の体験

――自分と出会う――

ながい人生のなかで、ひとが自分じしんに立ちむかって自己認識をふかめる、そういう契機はいくつもあるとおもう。

それらを私流にながめてみると、一つは自我の成長発達にともなって生ずる内発的契機であり、もう一つは他者との関係をとおして触発される外在的契機である。しかし、いずれにおいても、そのベースとなるのは、幼少、青年期に遭遇した心胆をゆるがすほど新鮮な体験であろう。

幼少期は、自己中心的な考えが主となるから、自分を客観化して内省をこころみるところまですすんでゆかない。けれども家庭内の躾《しつけ》や友達とのつきあい、そして共同体の祭りや行事などに参加するあいだに、身勝手な主張のとおらないこと、わがままな振る舞いが非難されることによって、はじめて集団や社会での生き方を自覚する。その経験が、その後の人間形成に重要な影響をあたえる。

この点で忘れられないのは、自我の確立する青年期である。この時に出会う衝撃的な体験がそれからの人生を決定づける最も大きな契機となる。わたしが幾多の遍歴をへて、さいごに柳田國男の民俗学へとたどりつき、それを終生のよりどころと決めたのも、そうであった。

いかにも瑣末《さまつ》とおもわれる民間の諸現象が、日本人本来の考え方や文化発想の原点である。今ではだれでもが口にする民俗学の理論を、はじめて言いだしたのはもちろん柳田である。民間伝承がハレとケと二つの原理でつらぬかれるとの教えにせっしたときの感動は、とても言葉であらわすことができない。そこにはわたしが幼少期をすごした北越の山村が背景としてすえられているではないか。やがて上京してアカデミズムの学園にはいり、それに満足できなくて右往左往した苦悩のすがたが見事に照射されているではないか。こうして民俗学との出会いが自分との出会いとなり、それが生涯の命運をきめる決定的契機となったわけである。

柳田の学問は間口がひろく奥行きがふかい。その全体をマスターするのは容易でない。にもかかわらず、その一部をつまみとったり片言隻句《へんげんせっく》をとらえて論評する傾向が近来の風潮である。これはつつしむべきだと考える。その全貌をきわめ全体像を明らかにした上にたっての論でなくては、本当の批判にならない。

この点を考慮し、その論著をおよぶかぎり渉猟したわたしは、柳田のハレ・ケ論を二項対立の硬直から解放し、どうしたらダイナミックに発展させることができるかを模索してみた。そのためには問題を生活習俗に限定したり儀礼伝承の領域にのみとどめるのは正しくない。そうではなくて民間の伝承全体をつつみこんだ舞台で検討しなければならない。そういう立場から未熟ながら一つの試論を提示したことがある。

人間の社会では、暮らしの日常態を示すケ（褻）と、反対に非日常態をあらわすハレ（晴）の二つの側面とが、互いに交替しながら進行する。その律動原理が成りたつのは、人間の生命を維持するケの活力がうしなわれ、気息奄奄《きそくえんえん》のケガレ（褻枯れ―穢れ）状態におちいってしまったときの転換構造にある。人はこの危急存亡の危機的状態におそわれると、かならずよみがえるための回生賦活のスプリングが発条のようにはたらく。その瞬発力《しゅんぱつりょく》がハレの空間をつくり、人びとはそこで本来のエネルギーを再生し復活する。そのようにとらえてみたのである。

この民俗動態論には賛否両論が集中して学界を大いににぎわしている。しかし、いずれにしても、その着想の伏線となったのは私の故郷における幼少時の民俗体験であり、それが柳田との出会いによって開眼されたに過ぎないものである。

I

柳田國男と民俗学研究所

図1　民俗学研究所（昭和29年，成城大学民俗学研究所蔵）

一　私と日本民俗学会
――「民俗学研究所」解散前後を中心にして――

1　柳田國男と私

民俗学の危機

本日（平成十二年十二月十日）は日本民俗学会の草創期を話せということですけれども、それを語るためには真っさきに柳田國男とどのような関わりあいをもったかを申さなければなりません。

私が直接学会と関係をもつようになったのは、柳田の創設した財団法人民俗学研究所にお招きをいただいて所員となり、理事となった昭和二十八年でありまして、直接ご指導をいただいた一番印象の深い時期でございます。曲がりなりにも私の民俗学という学問形成の基盤骨格はこのときにできあったと、深いご恩を感じているのです。そこをまず中心としてお話し、それからまことに残念だけれども、その研究所が解散になりまして非常に大きなショックを受けた日本民俗学会が、これをどのように受けとめ、そこからどのようにして立ち上がってきたか、その点をできるだけ柳田に関連しながらふれたいと思います。

私がじかに柳田について書きましたものは、まことに少ないのですけど、真近かにあってお見受けした先生ご自身のお人柄、あるいは学問上の恩師としての印象、それから先生の説かれた柳田民俗学と言われているものを、私がどのように受けとめ、それをどのように理解しながら、何とかして乗り越えようと努めたか、というプロセスに分かれるかと思います。

もちろん柳田の生前中は永らく、何れの大学でも民俗学の名を冠する講座はおかれず、まれに関連する講義は開かれたものの、その市民権は認められないまま据えおかれていました。そのなかにあってただ一人この学問を支える旗頭に立っておられたので、その旗の元に集った弟子たちにとって、柳田がただ一人の師でありました。だから、その先生を批判するとか、そういうようなことは、とてもできるものではありませんし、そのような考え方を抱く気持ちすら起こりませんでした。したがって私がまともに先生についての感想なり論文なりを書き出したのは、先生の亡くなられた後であると申していいかと思います。それら公表の私見を集めたのが、レジュメ（二一ページ）に付記した「私説柳田國男論資料」であります。多少なりとも柳田を論じたものを列挙いたしました。

これを見てもお分かりになりますように、柳田國男のお人柄、あるいは師としての柳田を筆にし先生にふれたのは、昭和三十七年十月第一回の柳田賞を受賞いたしましたさい『東京教育大学新聞』に求められて、「柳田國男賞受賞雑感」というエッセイを載せたのが初めてであります。私が柳田について語った最初でございます。本当に残念でしたけれども、先生はすでにその年の八月八日に亡くなられたのです。したがって生前に私が柳田先生のことを書くということはなかったのであります。拙い筆で名を汚してはならないという気持ちが強く、また客観的対象にできるような存在ではなかった。つまりそれを超えた存在であったと言えるのです。当時民俗学会内におきましても、民俗研究所におきましても、「先生」といえばただ一人でいらっしゃいまして、それが柳田國男でございました。だからそれ以外はどんなに偉い学者でも「さん」づけで呼ばせていただいておりましたから、そういう「先生」を語るなんてことは到底できなかったわけです。

その語った中にはつまり二通りありまして、資料（二一ページ）のうち丸印がついているのは、どちらかというと感想めいたものでありますが、二重丸をつけてある、たとえば「歴史民俗学の構想」とか「柳田國男の祖先観」、あるいは「柳田國男の神道論」などは、柳田の民俗論そのものに対しての私見を述べたものであります。そういう論説も入っているということをご了解いただけると思います（本書にはその両面からの文章の一部を収めたわけです）。

昔のことをただ懐古的に述べるということは、まったく意味をなさないのでありますから、このような企画をなさった学会の理事会は、おそらく今まさに民俗学は曲り角にきている、「黄昏の民俗学」だとか、あるいは「落日の民俗学」だとか言われたり、いろいろの批判を受けている、そして民俗学の領域は、周辺の諸科学から攻め込まれてどんどん蚕食されつつある、この傾向をずっとつづけていたら日本民俗学の存立はどうなるのか、そういう危機感というものを、あるいは持っていらっしゃるからなのではないか。そういうふうに考えてみたりするのであります。

私も実はそういう危機感に襲われている一人なのです。したがって巻き返しを図らなくてはならない、そういう段階にきている。それにはただ口先だけで、いくら声を大にして叫んだところで効果は上がらないのですから、当然ながら学問の本質に立ち至って、再生への道を実践しなければなりません。そして、もう一度息を吹きかえして、そこから日本民俗学の確立を期するという、そういう大仕事がわれわれの前に横たわっているのではないかと思うのであります。おそらくそういう意味で、先輩たちがこれまでつとめてきた学会の運営なり、往時の学問の高揚をかえりみ、それをエネルギーとして、活性化し、再生と発展への道をさぐろう。そういうきっかけにしたいものだという意図があるのではないかと思われるのです。

つぎに、この学問を創立した柳田がどのような考えでその後進者を育成しようとされたか、あるいはそれぞれの会員たちが柳田からどのような刺激を受け、またどのような教えのもとに自分自身の民俗観なり、学問的体系をうちたてたのか。そういう側面から民俗学自分史を語ることからはじめるということが必要であります。私もまた先生とのかかわりをまず第一に申し述べてみたいと思います。

『私と日本民俗学会―「民俗学研究所」解散前後を中心として―』レジュメ

〔平成12年12月10日　日本民俗学会第788回談話会発表　櫻井徳太郎〕

Ⅰ　はじめに―柳田國男と私―

1　入門のころ

①彼岸の迎え火

②「瑞垣」一件

③巫俗研究のこと

2　史学と民俗学の接点―古代人の宗教生活の追求―

宗教（信仰）結社＝「講」

3　九学会中心の活動―「九学会学者」のジャンル―

Ⅱ　民俗学研究所時代―昭和28年（1953）～昭和32年（1957）―の日本民俗学会

1　研究所と学会の関係

2　所内の動き―私の役割―

3　九学会内における日本民俗学会のシチュエーション

4　研究所で開かれた大学院講義

5　資料活用―「田屋神明」「昔ばなし」「講」

Ⅲ　研究所解散秘話

1　解散の契機―柳田の真意（昭和30年12月 4日）―

2　財政的行き詰まり

3　理事・代議員の対応

4　解散までの経過

5　精算人（大藤，萩原，桜井）

Ⅳ　学会の受けた打撃

1　対応策　談話会，年会（第8回シンポジウム「民俗学の限界」）

2　昭和32年4月の談話会中止　6月より開始

3　事務局・談話会場の模索

4　機関誌発行所変更

5　『日本民俗学会報』創刊号の「会務報告」（昭和33年7月）

Ⅴ　日本民俗学会と民俗学研究の蘇生

Ⅵ　学会の民主化と私説　柳田國男論

私説　柳田國男論（平成12年12月現在）資料

○柳田國男賞受賞雑感　『教育大学新聞』377号（昭和37年10月）
○先生の門弟教育法　『定本第19巻月報』14（昭和38年2月）
○柳田民俗学の挫折と継承　『週刊読書人』（昭和48年3月12日号）
○柳田民俗学と朝鮮（座談会）『季刊柳田國男研究』2（昭和48年6月）
◎歴史民俗学の構想（上・下）　信濃史学会『信濃』24─8,9（昭和47年）のちに拙著『霊魂観の系譜』筑摩書房，（昭和52年）．講談社学術文庫（平成元年）に収載
◎柳田國男の祖先観（上・下）『季刊柳田國男研究』7.8（昭和49〜昭和50）
　のちに『近代日本思想大系』14（昭和50年），拙著『霊魂観の系譜』（昭和52年），『著作集』（平成元年）に改稿して所収
○『先祖の話』について　筑摩叢書『先祖の話』解題（昭和50年）
　のちに拙書『日本民俗宗教論』（昭和57年），同『著作集』8（平成元年）「柳田國男と『先祖の話』」と改題して所収
○発題の趣旨　『柳田國男先生生誕百年記念─国際シンポジウム─』（昭和51年）
○柳田民俗学の継承と方法　色川大吉『柳田國男』講談社，月報1（昭和53年）
○晩年　牧田茂『評伝　柳田國男』（昭和54年），のちに拙書『日本民俗宗教論』（昭和57年）に「柳田國男の晩年」と改題して所収
◎総説─柳田國男の神道論をめぐって─『講座日本の民俗宗教』1，のちに拙著『日本民俗宗教論』（昭和57年），『著作集』8に「柳田國男の神道論」と改題所収（平成元年）
○座談　民俗研究の新たな志向をめぐって　桜井徳太郎・谷川健一・宮田登『現代宗教』4（昭和56年10月）
○カミとホトケの民俗学　学燈社『國文学』昭和57年1月号．のちに拙著『日本民俗宗教論』（昭和57年）に「柳田國男の理解」と改題して所収
○真の師にめぐりあって　『道─昭和の一人一話集』中統教育図書（昭和58年）
○柳田國男との出会い─『國史と民俗学』─『世界』（昭和60年7月号）
◎民間仏教解明の立場─仏教民俗学の導入について─『宗教学論集』13（昭和62年3月）
◎柳田國男の祖霊観　駒形先生退職記念事業の会編『新潟県の歴史と民俗』（昭和63年）
○自分と出会う─柳田学で実った幼少期体験─「朝日新聞」平成4年11月16日夕刊
○柳田國男と民俗学研究所　『神戸新聞』平成5年11月18日号
○提言　これからの民俗学　播磨学研究所編『再考柳田國男と民俗学』神戸新聞総合出版センター（平成6年）

入門のころ

私が民俗学というものを知り、柳田に近づき、その教えをいただきたいと思ったのは、大学で卒業論文を書いている最中でございました。

私は昭和十九（一九四四）年の九月に大学を卒業いたしました。その年の六月ごろに論文を提出し口頭試問を受けて卒業したというわけなんです。「報恩思想成立史試論」という題でございました。まことに拙ないものでありましたけれども、主として平安時代の公家の生活を明らかにしたいと希ってつくったものです。当時の公家の日記を読みますと、しきりに天皇の広大なるご恩に感謝するという記事が出てくるのです。たとえば右大臣にもなった藤原実資《さねすけ》の残した『小右記《しょうゆうき》』によりますと、たまたま齢六〇になったとき天皇から叙位をたまわった。そのときの感想が述べられているのです。「いかなんおもわざりき。全く思いもよらずに天皇より叙位をたまわった。広大なる叡慮に感銘してしばし待つ」という、感激の文章を書いておるわけですね。だから粉骨砕身天皇のために政務にはげまなくちゃならない、それが恩に報いる唯一の根拠であると述懐しているのです。これなどほんの一例でありますが、すべてそういう筆致で綴ってある。そうすると当時の公家は、天皇から位階を授けられる。右大臣だとか左大臣だとか、あるいは大納言とかいう官職につきますと、当然それに引き合う俸禄と同時に位階勲等が上がる、それぞれに即した報酬をいただくわけです。それによって身分や生活が保障されます。一族一統の存立のすべてがそれによって支えられているということでありまから、当然ながら天皇の御恩というものを感ずる。だから滅私奉公といったところで、決して絶対純粋な滅私奉公ではないのです。天皇から恩を与えられているから、それに対して、何らか報い尽くさねばならない、つまり私恩に対する報恩観にもとづいて奉公という考え方が出てくる、そういう相対関係から成り立っていることが分かったのです。

当時は太平洋戦争の真最中でした。それで戦争に勝つのは「お国」のためである、その「お国」の元首である天皇が一番大事である。だから、それによって生かされている国民は天皇のためには私を捨てて尽くさなくちゃいけない。「天皇陛下万歳」と唱えて敵弾に仆れるのが最高の美学だ、そういう主張が強かったわけです。どう考えてみても、王朝時代の公家の報恩観と大した違いはないんじゃないか、そういう疑問を抱いていたのでございます。そこで日本人の恩観念を徹底的に追いつめてみようと決心したのです。

民間でも恩ということは問題になります。同じように恩と言っても、まず親の恩がもっとも身近に意識されましょう。子は親によって養われているわけでございますから、いろいろのご馳走をいただいたり身につけるものに対しありがたいと思う。地域の中では、近隣との関係が最大の関心事で、隣の家に吉凶の振る舞い事があれば、手伝うとか祝いや悔やみをして、いろいろとつとめるわけです。自分のときに同じように振る舞っていただくことを予想し期待しているわけで、一種の慣行として定立しているのです。そういう相互の義理関係がなりたつことによって初めて恩という意識が生じ、また深まってゆくのです。ですから一方で義理を欠く忘恩行為が生ずると、非難され義絶となりましょう。こっちが奉仕したのに、向こうが奉仕しないということになれば、やがて両方の関係は切れてしまう。そういう点をふまえながら恩ということを考えなくちゃいけないということになると、いった い日本人にとって恩関係とはなんだという疑問がわいてきます。それを調べるためには形式ばった公家文書、あるいは世間に見せるために記した公家の日記、そういうようなものばかりを見たって駄目なのです。生活そのものが生々しく表現されてるところの説話集だとか、日常の生の交際関係を示したもの、たとえば、『今昔物語集』とかの説話集などを読まなくてはならない。それでもまだ表面的だというようなことになると、民衆の生活自体を見なければ駄目なのではないか、わずか人口の一割にも満たない支配者層を見たって駄目なんで、その他大勢の民衆がどのような気持ちで対応していたかという生《なま》の実態を見なくてはならない。

それにはどうしたらいいかということを模索していたころ、すでに述べたように柳田のいろいろな論文が創元社の選書として出始めていたので、それを読み、この先生は大変素晴らしい発想を持っていらっしゃると、上から下を見るのではなくて、下から上を見る、横から周囲を見るというような発想で学問をやっている。こうでなくてはならないと、先生に教えを受けたいと思ってたわけです。

私は大学卒業と同時に、東京高等師範学校に就職したのですが、アメリカの空襲が激しくなって授業はもちろんできなくなっていました。学生は報国隊を作って、勤労動員に出る。空襲があると消防隊となって消火に動員される。その指揮をしたり、計画を立てたり編成表を作るというようなことばかりやりまして、研究どころじゃなかった。もちろん暇をみては『日本書紀』『古事記』『風土記』なんかはつとめて読んでいましたけれども、十分でありません。これでは駄目だと考えて、太平洋戦争が終わりますとすぐやめて、東京文理科大学国史学教室の助手になったわけです。助手になって研究室に帰りましたら、宮座研究の肥後和男教授が公職追放でおやめになり、だれもいらっしゃらない。一人、和歌森太郎講師が助教授になって教室運営に当たっているという状況でございました。

いうまでもなく和歌森はその当時「木曜会」の同人でありまして、柳田傘下の研究集会に参加して活躍されていた。民俗学が学界の中で市民権を得るためには、大学で独立した講座をもつことだと考え、はじめて「民俗学概説」の講義を開き、それを一冊の本として公刊した。そういう意気ごみでしたので、新入学生は必ず柳田邸で講話拝聴することを慣例とした。それで助手である私も同行しその書斎を訪問させていただき、はじめて先生にお会いしたのが、そもそものはじめでした。それに刺激されて「民間伝承の会」(日本民俗学会の前身)にすぐ入会しました。

彼岸の火祭り

柳田先生のところにまいりましてご挨拶を申し上げましたのが、昭和二十二年です。そのとき、先生は、「君はどこの生まれだ」と問われ、「新潟県のこういうところです」と答えると、「小林存という方が新潟におるだろう」といわれた。全然知らないんですね。「いや存じません」と。「そうか。そうしたらこういう人知っているか」。「それも知りません」。そもそも私は東京へ行って、最高の学問文化の洗礼を受けたいと志して上京したわけです。田舎のあのドロドロとしたものが学問になるものか、そういうものを調べることが学問だなどとは、まったく念頭になく、むしろそれを捨てることこそが、学問をする道であると考えていました。

当時新潟県にはご承知のように『高志路』という有名な民俗学の雑誌が出ておりました。これは『民間伝承』と同じ年（昭和十）に発刊されたんですけれども、発行月は早いんです。小林存という人の偉大なる努力、功績なんですけれども、それすら知らないんだから、先生はこの若者は何を考えているんだろうと思って、内心はがっかりされたんじゃないかと思います。

そのうち郷里で何か面白いことがないかというような話し合いになり、私の生まれは今ならば「魚沼こしひかり」の山村地帯でありますから有名になりましたけれども、生まれたころは上越線もまだ通じておりません。信越線が新潟から長岡を回って直江津や長野を通じる一本しかなかったわけです。つまり関東との交通は大変な困難な状況であり、文化の中心から遠くはなれている状態でございました。そういう僻村に小学校を卒えるまで育ったものですから、村の行事にはほとんど参加しておりました。昔のことを思い出して、当時のことを話しました。

春のお彼岸というのは、北国の人たちにとっては非常に印象的なんです。だいたい三月の三日ころまでは吹雪がつづいて目も開けられないくらいなんです。ところが彼岸がちかくなるとパーっと晴れちゃうんです。前と変わって急に輝かしい太陽が顔を出してくる。それが西の空に沈むときには、いちだん紅々とかがやく。「落日のあんな素晴らしい光景はいまだに忘れられません」、という調子で話出したのです。

そのころ先生は、太陽のことに関心をよせ『新たなる太陽』（昭和三十一年修道社刊）の出版の用意があったわけです。それで先生は少し脈があると思ったのか、話がはずんで「そのときどんな行事をやったか」と。「私のところでは春の彼岸になりますと、子供たちが集まって、まだ雪が一<ruby>米</ruby>《メートル》も二米《メートル》も残っていますからそれを踏み固めまして、やがて太陽が西の空に沈みかけるころ、藁を持って集まって、火祭りをするわけです。踏み固めた場所に藁束《わらたば》を重ねてそこでどんどん燃やすんです」。「お盆に迎火を焚くということは聞いたことあるけれど、お彼岸にもやるのかね」。「そうなんです」。「どういうふうにやるかね」と言うから「実はこうなんです」。お彼岸の入りと中日と終いの三回おこないます。子供たちが西の空に太陽が沈むのを見ながら、夕日と藁火《わらび》に顔を火照らせて「じじごたち、ばばごたち、この灯りについてござれ、ござれ」と声を張りあげ繰り返しながら、集落の中を家ごとにずっと回って歩くんです。

「中日にはどういうかな」、中日には「じじごたち、ばばごたち、なかいいい、なかんざしをめされ、めされ」と唱えるんです。「なかんざしか、それはなかなか面白い言葉ではないか。なかんざしという『さし』

とは、人々が仏様や神様に物を供える、その供える物を『さし』と言う、供えることを『さす』と言う。「なかんざし」というのは中日に供える供物なんだよ」と解説される。そしてハテの日には「じじごたち、ばばごたち、秋のお彼岸にいも食いにござれ、ござれ」と言うんですとお話ししました。芋なんていうものは、今からみればおいしいご馳走でもなんでもないのですが、雪国では珍重されました。初物《はつもの》は神様へ供えるべきもので、甘藷《かんしょ》などは往時としてみれば貴重なものでしたから、「それを秋のお彼岸にちゃんと用意しておきますから、どうぞおいでください」という意味だと話したところ、「いやあ、それは面白い。君、今度の談話会でそれを発表しなさい」というわけで、ようやく私は談話会に出席するプレステージを得たわけです。

先生は非常に激励されて、それを機関紙に簡潔に報告しなさいと言われて発表したのが、柳田が創設した「民間伝承の会」の機関誌『民間伝承』に載った私の最初の民俗学の論文なのです。「越後魚沼地方の彼岸行事」という題で一四巻の一一号に収載されております。昭和二十五年、これが処女作でありまして、それから急速に民俗学会に接近していったのです。

2　民俗学研究所と私

入所のころ

東京教育大学（昭和二十四年に東京高等師範学校・東京文理科大学・東京農業教育専門学校・東京体育専門学校を包括して総合大学として発足）が「民間伝承の会」と関わりをもつようになったのは、学生の直江廣治（のちに筑波大学教授）・萩原龍夫（のちに明治大学教授）・千葉徳爾（のちに筑波大学教授）で、一番早く先生のところにご指導を受けにまいっておりました。その後に和歌森太郎ということになっております。和歌森はのちに東京文理科大学の教授になりまして、民俗学を担当し、その教えを得た一番弟子が竹田旦（のち創価大学名誉教授）、つづいて北見俊夫（没、筑波大学教授）それから亀山慶一（のち沖縄県立芸術大学教授）の順となります。年令こそそれより上でしたけれども、私が「民間伝承の会」に関わりを持つようになったのは、助手になってからですから、少し後になっております。だから「民間伝承の会」の事務局では竹田たちが活躍していました。したがっておくれた私は外野的なところにおりましたので「民俗学研究所」の創設にはまったく関与しておりませんし、研究所が発足した当座は、直接の関係はなかったのであります。ただ研究所ができますと、いままでの「木曜会」は解消されて、そして「研究会」と「談話会」になったわけです。

はじめは談話会に出ていたのですけれども、やがて研究会にも出てよろしいということになりました。研究会には同人の規定がございました。それには二つあって、維持同人つまり研究所を維持するために寄付をする同人と、それから研究する研究同人というのがあり、その研究同人にさせてもらったのであります。ですから直接運営に責任を負う理事・所員だとか、代議員という立場に立つことはなかったのであります。

ところが、戦後の日本の学界、特に人文科学の分野はいろいろな束縛から解放されたものですから、一挙に燃え上がってきたわけです。燃え上がってきた一つの兆候は、「九学会連合」というつまり人文に関する学問の九つの学会（はじめは六学会）が寄り集まって学会連合というものを作った。その中心は保谷の日本民族学会でありまして、それを推進したのが渋沢敬三でございました。「民間伝承の会」もその中に加わり、最初から大きな役割を果たすことになったわけであります。

私の役割

私が許されて入れと言われた民俗学研究所は財団法人ですから、寄付行為によって運営されなくてはなりません。ところが最初の研究所の運営は所長なんか置かず、議決機関である代議員を選ぶ。その代議員五名が常任委員となって運営すればいいという体制をとっていたのです。これはまことに異例なことでした。

法人の寄付行為規定では執行機関である理事が必要であり、必ず代表権をもつ理事長をおかねばなりません。研究所としては当然所員があって、所長が必要ということになるわけです。ですから、常任委員ということでは、文部省は受け付けないわけです。そこで寄付行為に則って、昭和二十三年から常任委員は理事になるんです。また評議機関である代議員は同人の選挙、あるいは推薦によって選ばれるのです。これが一番大事な立法機関で、議会にあたるものでしょう。そして執行機関、つまり国の政治で言えば行政府が、理事と所員にあたるわけです。理事を置かなかくて常任委員制をとったのは、民間伝承の会の伝統で、柳田の考え方でした。研究所が理事制をとると同時に、民間伝承の会が改称して日本民俗学会となったときには理事ができます。それが昭和二十四年ですけれども、この研究所と民俗学会の役員とを比べてみますと、両方に重複して役員となっているんですね。これは非常に大事なことなんです。たとえば研究所の理事が代議員か民俗学会の理事のいずれかになっている。学会の理事の方はちょっと数が多いから、なかには民俗芸能の本田安次（没、文化功労者）とか、それほど直接学会に関係を持っていらっしゃらない方々も入っております。これが民俗学研究所の性格を論ずる際の大変重要なことではないかと思うわけです。

したがって代議員に選ばれた人が研究所の理事になりますね。そうすると代議員に欠員ができます。欠員ができますとそれをまた同人から補欠として補充するんです。例えば石田英一郎（没、文化人類学）は初の代議員ではなかったんです。けれども代議員の直江が理事になりますと、代議員が一名欠員になります。そうすると同人の了解を得て、石田が代議員になるというような形で重なり合っている。これは両組織の関係をみる上で非常に大事なのであります。

私がそういう組織の中に入ったのはいつであるかというと、私は日記をつけないものですから確定するのに大変困ったんですけれども、レジュメの第二のところに「民俗学研究所時代―昭和二十八年

〜昭和三十二年―」と書いておきました。これは実はどうも昭和二十七年からじゃないかと思います。一年前に入った。どうして入ったかというと、当時私の入る前の代表理事が大藤時彦（没、成城大学名誉教授）それから理事が堀一郎・大間知篤三・直江・萩原の合わせて五名が定員であります。その一人の大間知が病気のために勤務できなくなったということで、その代わりに私ということになったらしいんです。

私は何にも知らないものですから、「そういうふうに決まったんだけれども、いいか」というようなことを言われました。「私よりも先に研究所にタッチし、あるいは学会にかかわった人がいらっしゃるんだから、その人たちを先にすべきじゃないですか」と答えたんです。代議員の和歌森が、同じ職場にいる櫻井の意志を聞いてみろということで、代議員の方々は「お前がよかったら承諾してくれ、今すぐ所員にしたい」とのことだというのです。「いや、それでいいんでしょうか」と答えましたが、私は一晩考えて、あそこには膨大な蔵書があるし、特に雑誌関係がそろっている。大学の研究室や自分の蔵書資料は限られている。そういう貴重な資料がたくさんあるので、大いに勉強になるんじゃないかということで承諾したんです。

私が入ったときには、すでに先任所員として井之口章次（のちに杏林大学教授）とか、北見、亀山、酒井卯作（「南島研究」主宰）、ややおくれて西垣晴次（のちに群馬大学名誉教授）、郷田（坪井）洋文（没、国立歴史民俗博物館教授）がいらっしゃいますし、そういう先任の方がたくさんおられました。しかし、

図 2　日本民俗学会後の懇談会
（民俗学研究所にて，昭和28年，成城大学民俗学研究所蔵）

図 3　平良歯科医師を迎えて記念撮影
（昭和30年，『柳田國男写真集』岩崎美術社より）前列左から１人おいて平良，先生，令孫，櫻井徳太郎．後列左から酒井卯作，亀山慶一，西垣晴次，畔上美佐子

最初に入った私の印象では、研究所内の空気は本当に冷ややかなもので和やかさが感じられないんです。みんなそれぞれ与えられた机のところで黙々と勉強しているんです。それは結構なんですけれども、所員相互の交流というかな、そういうものが感じられない。例えば昼食をとるということになりますと、みんな弁当を持ってきているんですけれども、自分の机のところで黙々と食べているんですね。それで僕は黙々と研究するのは結構である、真剣に勉強するのはいいけれども、やっぱり所員どうしの交流が必要じゃないかと。せめてお昼の弁当は、あそこにベランダがあるじゃないか、晴れた日にはあそこに芝生があるじゃないか、そこへ行って互いに食べながら、いろいろなことを話し合ったらいいじゃないか、と感じたんです。それを言い出したら、みんな何を変なことを言うかというような顔をしているんです。私は研究所はそういう世界かな、これは大変なところへ来ちゃったなと思ったんですよ。そんなこと代表理事に言うこともできないし、自分だけで胸に収めていたんですが、しかしこういうことじゃ駄目だ、やっぱり交流が必要なんだと思いました。

そのうちに、女性群の鎌田久子（のちに成城大学名誉教授）や畔上美佐子が来て、お茶を出して下さり一所に食事をするようになり、やがて揃って会食することになりました。また年に一回親睦旅行もあり、忘年会も開くというふうに、研究所の解散問題が勃発するまではしばらく、かなりいい雰囲気になったと思うんです。ただし所員と理事との間は相当やっぱり隔たりがありましたね。意志の疎通が十分でなかったと感じています。それがやがて解散問題のときに、紛糾の一つの原因をもたらしたのではないかと私は思っております。

そういうわけで大間知の後、一年間理事の手伝いをしていたんですが、翌年の昭和二十八年には、見習いを経験したからというので、理事の任命をいただいたのが五月だと思います。といっても辞令は出ていません。口頭での伝達が慣例でした。それからは理事というのはどういう立場であるべきかということを考えながら、といってもベテランの理事がいらっしゃいますから、その指示にしたがって進んできたわけであります。

3 柳田の門弟教育法

『瑞垣』のこと

私の生涯にとりまして、この研究所は本当にプラスになりました。私が今日までまがりなりにも民俗の研究を進めることができたのは、まったく研究所時代に受けたおかげであります。たとえばこういうことがございました。レジメの「はじめに」と書いたところに「『瑞垣』の一件」というのがありますね。これは柳田の門弟教育法として、素晴らしい一面を示すものだと思っているんです。『瑞垣』というのは、伊勢神宮の神宮司庁から出している機関誌なんです。私のいただいた『瑞垣』第一九号の表紙の右上に赤ペンで「櫻井君へ」と書いてあります（三六ページの図4）。これは柳田の直筆で

図4　瑞垣の表紙

す。なぜ先生がここに櫻井と書くようになったか、そのことのいわれが大変問題なのであります。

この『瑞垣』には、柳田の「信仰と民俗」という巻頭論文が収めてあります（本書巻末の付録、参照）。これは昭和二十五年十月二十六日（そのとき私はまだ研究所に入っておりません）、神宮司庁で全国の神職を集めた講演会があって、そのときに話をされた「日本民俗学の現状」を載せたものです。柳田はすでに『神道と民俗学』（昭和十八年、明世堂）で書いておられるように、神道は非常に大事なんだけれど在来の神道学は、訓詁の学であっていたずらに注釈をやって、お茶をにごすというところがある。そういう訓詁の学問しかやってない神道学では正しい神道を示すことにはならない。そして、やがて「田の神の祭り方」、あるいは『山宮考』『祭日考』『氏神と氏子』という新国学三部作を出されたころでありますから、その研究成果を神職の方々に訴えて、氏子たちの実際の生活の中に息づいている、そういう国民信仰を根柢におかなければ駄目だというお考えを持っておられました。

それは『神道と民俗学』を一読されればよく分かります（拙稿「柳田国男の神道論」著作集八）が、戦後の神社信仰を復興するためにその延長線上で活を入れられたのです。しかも演題は「民俗学の現状」というのですから大変重要な意味合いを持っているわけです。この「信仰と民俗」の末尾に「本稿は昭和二十五年十月二十六日、神宮司庁の文化講演会でなされた講演、『日本民俗学の現状』の要旨を櫻井が綴ったものである。その際なされた速記録は不備の点が多く、ほとんど利用できない状態にあったので、参考の程度に止め、多くは柳田先生の手稿『清渚考』に拠ってまとめ上げ」たという追記がそえてあります。つまり神宮司庁の講演のときも、いつもと同様に内容の主たる項目やキータームを記したカードをつくられる。重要な項目や資料を注記したメモだけなんです。それをもとにして櫻井がつづったという趣旨です。「従って文責は一切櫻井にある。事情を記して寛恕をこう次第である」と書いてあります。なぜ私がここで追記を記さなくてはならなかったかということです。

速記録の校正

もう説明するまでもなく、まったく速記録なんていうものじゃなかったですね。空白だらけで、ほとんど役に立たない。当時はテープレコーダはありませんでしたから、また速記術を心得ている人がやったわけじゃありませんから、やむをえません。とにかく作業にかかったけれど、どうにもなりません。神宮司庁から「なんとかまとめてくれないか」というような話があったんでしょう。それで代表理事が、先生と相談して白羽の矢を私に立てたのです。私は全く事情を知らないんです。「桜井君、今はこういう状況なんだが、なんとかつなげて文章にしてくれないか」と、「それについて先生は、櫻井にやらせたらいいとおっしゃっているんだけれど、どうかね」ということでした。鶴の一声ですから、反対できないんです。見たら驚きました、本当にものにならない。その現物が今残っているといいんだけれども、先生のところへお返ししてしまいました。これは大変なことになったと悔いたのですが跡の祭りです。これには本当に苦労しましたよ。ようやくできあがって『瑞垣』に載ったのが、昭和二十九年ですから講演の時から四年もかかっているんです。穴だらけの速記が僕の手許へきたときには締切りまで僅か三、四カ月しかなかったのです。これは非常に苦労しました。作文しなくちゃいけないわけだからね。しかも先生の口調、文章の特徴というものをなんとかして生かさなくちゃならなかったということで苦労したんです。私が苦労した中では、学位論文に匹敵したか、それ以上かもしれません。

詳しくは巻末の付録に拠っていただきます。けれども、講演の冒頭は、「昭和六年夏、皇学館に招かれた三日間の夏期講習会で日本民俗学の大意を説いたのであるが、本日はそれ以来進歩して来た現状などを報告し、皆様にこの方面についての関心をいちだんと呼び興したい」とあって、発題の趣旨に触れています。「私どもの民俗学は新興の学問として、また民間から生まれ育った学問として、久しい間、世の共感を得られなかったけれど、今日では、もはやそれは、昔話となった。とくに戦後は学校の社会科教育の提唱などによって、民俗学の実効が大いに高められた。このように、今日ではこの学問は、広く世に認められ、かつその研究もかなり進んできたことはことさら説明しなくてもよかろう。しかし私どもはここで民俗学のこのような進歩の上に、伊勢の学問が大きく寄与していることを忘れてはならない。このことは後でゆっくりと触れたいのであるが、その前に一言述べておかねばならないのは、この間において、受けられた伊勢の衝撃についてである」。こういう出だしなんです。このところもかなり苦労したんです。

　このような調子で、結局つまり伊勢信仰の基盤をなすものに民俗的な伝承がこれにからまっているんだと。むしろそういう信仰こそが民間伝承によって培われてきたのであるということを主張しようとしているんです。その実証を記紀や民間信仰から採り上げて進めています。

　たとえば『日本書紀』神代巻一の、「神功《かむこと》既に畢《お》へたまひて、霊運当遷《かむあがりましなんとす》。是を以て、幽宮《かくれのみや》を淡路の洲《くに》に構《つく》りて、寂然《しづか》に長く隠れましき。亦曰はく、伊奘諾尊、功《こと》既に至りぬ。徳《いきおい》亦大きなり。是に、天に登りまして報命《かえりことまう》したまふ。仍りて日の少宮《わかみや》に留り宅《すみ》まぬ。少宮、此をば倭柯美野《わかみや》と云ふ」の記事をあげる。そういう『日本書紀』や『古事記』の原文が出てくる。筆記者は全然知らないから書いてないんですよ。そうすると、いちいち『記紀』をさぐり『風土記』を探して、そこから誤りのないように書き込まなくちゃならん、また民俗資料については先生の著作や文献を捜索して確かめねばならないという作業もあったんです。それは私にとりましては生涯にわたり忘れることのできない修練の日々でありました。この一冊はあの世へ行くときに必ずお棺の中に入れてもらう一つになるんだと思います。自分の労をあげつらうのではなく、このような方法によって柳田は後継者を教育し養成したということの例を示したかったからなのです。決して「ああしろ、こうしろ」といって具体的に指示するのではなく、それぞれ個性に応じた課題を与えて、それを成し遂げさせるという作業を通して、だんだんと研究者へ押し上げてゆく、そういう方法をとったという事例をみなさんにご紹介したかっただけなのでございます。私もまた例外ではなかったようです。

晩年の弟子

柳田との関係については、もう一つシャーマニズム、巫俗研究のことで申したいのです。私は研究所に行く前から平安時代の思想や霊魂観に関心があって、古代の精神史はそれを明らかにしなければ駄目だと、そういうふうに思っていました。それには巫覡の実相を押さえる必要がある。そこで先生のところへ行ってそういうことを研究したいと言ったら、厳しく反対されました。「いまはそれをやる時期ではない」と。民俗資料が一日一日と煙滅している状況であるから、何を忘れても現地調査をこころみる必要がある。民俗採訪を第一にやらなくちゃならないと諭されました。そのため、しばらくはシャーマニズムに触れないようにしていました。しかしフィールドワークの際には一つの研究課題として常に胸に抱いていました。先生が亡くなられてからそれが再びよみがえって、民俗学会の年会で「巫女とシャーマン」という講演をいたしました。民俗学会での初講演だったのですけれども、それが昭和四十（一九六五）年で、そのころからシャーマニズムの研究へ直進するようになったのであります。

柳田は課題を与えて鍛える教育方法を考えておられた。けれども、しかしここだけはきちっと言わなくちゃならないときには、ピシッと言うんですね。それは私がシャーマニズムをやりたいと申し上げたときの対応で存分に示されています。民俗学会第一回の年会のとき、平山敏治郎（大阪市立大学名誉教授）が史料的文献を使って研究発表なさいました。そのときに実にシビアな、もうわれわれがハラハラするような厳しい言葉でその非を示されました。そういう烈しい面があるんです。

そういうことがしばしばありましたけれども、しかし私は晩年の弟子ですから、子や孫にあたるようなもので、大変かわいがられた印象が強いのです。先輩たちは大変に厳しい指導を受けた。あるいは「破門」されたというケースもあったと伺っていますが、そうかなあと首をかしげるくらいなんです。昭和三十八（一九六三）年『定本柳田國男集』の第一九巻が出たときに月報の原稿を頼まれて、「先生の門弟教育法」という一文を載せていただきました。柳田は特定の人を「弟子」とは言われないときいていましたのですが、門弟といえば三つの種類があって、世代ごとに三つの分類ができる。つまり木曜会同人時代の門弟と、民間伝承の会成立以後と、それから研究所ができ日本民俗学会となってからの門弟とに分けられる。そうすると私などまさに末っ子でありますから、むしろかわいがられたのかもしれません。ひどく叱責された記憶はないんであります。

民俗学研究所の時代に学問の上から非常に大きなプラスを得た挿話をお話しましょう。伊勢信仰の中に田屋神明社という大変特色がある民間祭祀の形態を、民俗学的に歴史学的に分析した拙論がありました。東京教育大学文学部紀要『史学研究』（六輯、昭和三十一年）に載ったので、早速先生に差し上げたところ、大変喜ばれて「自分も田屋について調べたことがある。君にそのカードをあげるよ」と言って、いろいろと文献なり資料から抜き書きされたカードを私に預けてくださいました。私はそれらを参考にしながら発展させて飛神明社への展開までを視野にいれて進めることができました。社会思想社の「教養文庫」に『昔ばなし―日本人の心のふるさと―』（昭和三十二年）を加えていただいたのも、研究所に存分の資料があったおかげです。やがて処女論文集『日本民間信仰論』（雄山閣、昭和三十三年）、学位論文『講集団成立過程の研究』（吉川弘文館、昭和三十七年）をまとめることができたのも、研究所時代に受けた利点でございました。研究所こそまさしく文字通りその機能を十分に示した存在であったと私は思っております。

また、国学院の大学院で「理論神道学」講座を担当されたころ、その講義を研究所で毎週一回開かれた席にも列することを許され、一年有余にわたり御説を拝聴し討論に加わる機会を得たことも、忘れることができません。

コラム

先生の門弟指導

某誌の柳田先生追悼号に、「柳田に弟子なし」と題する一文が掲載された。筆者は、わたくしも熟知しかつ敬服する少壮有為の社会人類学者である。世評を素材としてまとめあげ、いささか客観性を欠く論におわったきらいがある。けれどもその趣旨は、今日柳田の弟子をもって任ずるエピゴーネンに、一人として偉大な柳田学の学統を継ぐものはいない、そうした日本民俗学界の腑甲斐なさを戒めたものであった。たしかに所説のとおりであって、わたくしなど学界の末席につらなる一員として、虚心坦懐にこの警句を身に体し、おおいに精進しなければならないと思っている。

先生がどのような師弟観をお持ちになられたかは、親しくおうかがいする機会を失したので知るよしもない。あるいは親鸞のごとく、一人の弟子も持たないというお考えであったのかもしれない。しかし、先生のご教示をうけたものをもってその弟子とみるならば、その数はとうてい枚挙することができないであろう。

それをせまく民俗学という範囲に限ってながめてみると、およそ三つのグループにまとめることができるように思う。その一つは、日本民俗学の歴史のうえで画期的な名著『後狩詞記《のちのかりことばのき》』を出版された明治末年から、『郷土研究』『民族』などの研究誌を通じて先生の教えをうけた昭和初期にいたるまでの門弟たちである。これらの人びとは、もはや故人になられた方も少なくなく、すでに学界の第一線を退いた元老である。第二のグループは、先生がもっともブリリアントな学問活動を行った時期と一致する。すなわち木曜会・郷土生活研究所の結成や「民間伝承の会」の成立を介し、先生の学問をいちばん身近にうけながら成長した人たちであり、この点もっとも恵まれた弟子であった。今日学界の第一線で活躍する民俗学者の多くは、このなかから輩出している。そして第三のグループが戦後派と称されるべき一群であろう。終戦以来柳田学に傾倒して、教えを仰いだ若い人たちで、先生にとっては最晩年の弟子である（筆者など若し弟子たるの名を称することを許して頂けるならば、この期に含められるものかと思う）。

面白いのは、これらの三つのグループごとに、それぞれ先生観が異っていることである。わたくしなど先生の晩年に教えをこうたものは、鍛えられたというよりも、むしろ可愛がられたという印象の方が濃い。しかし先輩から承ると、先生の学問に対する厳しさと弟子に対する厳格さとは、まことに烈しいものがあった。その厳しさにたえかねて、脱落して去って行った門弟も少なからずあったという。

先生は、大学の講壇に立たれたことはあったが、そこに職を求めるということはなかった。

戦後は国学院の大学院担当教授になられて、直接学生に接しられたこともあった。けれども、今日新制大学の教師たちが、大学運営に多くの時間を割かれ学問研究に費す時間をそがれている惨めな状況はご体験なかったものと思われる。そうした先生ではあったけれど、学生の指導にどのような抱負と構想をお持ちであったか、一度うかがいたいと思いながらそのままになってしまった。

わたくしが先生の教えをこうて成城の門をたたいたのは、戦後の動揺がなお収まらない昭和二十二年であった。先生はいつでもそうであったけれども、どんな未熟な学生であろうと、またいかに粗野な田舎者であっても、こと民俗学に打ちこもうとする志をもつ者であれば、かならず親しくお会いになった。そして何を問題にしようとしているか、それについてどの程度の教養を積んでいるかを直接問い訊された。またその出身郷土が、民俗学研究の上からどのような位置におかれているかを、自らの採訪体験を通じて具体的に親愛の情をこめて話されるのである。そうして、現在も欠かすことなく続けられている月例研究会「談話会」に出席するよう勧められる。

こうして二度三度と会に顔を出していると、ようやく何か一つの研究課題を授けられる。あるいは「この本を読んできてこの次の会で感想を話しなさい」とか、「休暇でお国へ帰ったら田の神祭を調べて発表するように」などとおっしゃる。その問題の与え方には、かならずしも一様の方式があるわけではない。そのひとひとに応じて、千差万別であるが、実に的確であられた。私など学生を教える身の今になって、ことに深い感銘を覚えるのは、決して画一教育を施さない優れた先生の門弟教育法である。人をみること（いうまでもなく学問をつづけて行く意志をもっているかどうか、またどの方面に向いているかということを見抜く眼力）の鋭さ、しかも少しも的を外すことのない天性の勘、まったく驚歎のほかはない。

先生はこのような方法で弟子を育てられたのである。学校の教師ではなかった先生であるから、試験問題を配って一斉にテストを行い、その結果で成績を判定するということはなかったし、またそのような評価の仕方を快《こころよ》しとしなかったに違いない。しかし先生には先生なりの評価法が存したのではなかろうか。ご自身の与えた問題に答える弟子たちの解答の仕方、応じ方を事こまかに観察されながら、ひそかに採点をなさっておられたのではないだろうか。もちろん意地の悪い問題を出して不合格にしたり落第させたりする教師のやり方ではない。どのような刺戟を与えたら、その素質が伸びて行くか、また実を結ぶことができるか、そうした観点からの、次元の高い愛情のこもった試煉であり教育であったわけである。

しかし、これはあくまで甘えることを許された晩年の弟子のうちの一人の回想である。親の愛は末子に対して盲目になるといわれるが、厳しく鍛えられた先輩の方々には、また違った感懐があるのかも知れない。いつかそうした感想をうかがう機会をえたいものだとねがっている。

4 研究所解散秘話

解散の契機

私にとっては大きなプラスであった研究所が、突如として解散しなければならないということになりました。これはまったく突然であり、青天の霹靂でございました。それは私だけでなくて理事・代議員はもちろん所員、同人の方々も同じ思いだったとおもいます。そこで、私が関与した領域から若干の事情を述べてみようと思います。本当に悲劇的な結末に終わったわけであります。

財団法人民俗学研究所解散の件につきましては、多くの方が書いておられます。まず関敬吾が『日本民俗学大系』(平凡社)の中に「民俗学の歴史」という題でふれておりますし、またそれを受けた牧田茂が『柳田國男』(中央公論社)で取り上げております。牧田編『評伝　柳田国男』(日本書籍)にも研究所時代を分担して井之口章次が執筆しています。私もまた先生の「晩年」について書いたところでふれております。けれども、なかでも最も詳しく、そして資料に則して述べているのは、後藤総一郎監修『柳田国男伝』(三一書房、昭和六十三年)でございます。その中で研究所のことを担当された杉本仁(日本民俗学会員)は第一二章、一三章という二章に亘り詳細かつ的確にトレースされていて、一番参考になると思います。そのなかで、二点だけ触れておきます。

第一点は、昭和三十一年三月二十九日に開かれた代議員会において、出席者一同協議の結果、民俗学研究所解散とそれにともなう事項の議決が行われたとして、その議決文が印刷されております（同書一〇九六～七ページ参照）。そして同じページに議決文の写真が載っていることについてです。私これを見まして確かに筆跡は私でございますし、書いた記憶もあります。しかし手許にないのです。

この解散後の処理について、代議員会としては研究所を東京教育大学へ移管すると決定し、その移管に関する直接の協議機関として、別に委員会を構成すると決めたのです。ここが大変大事なのではないかと思います。その段階にいたりますと、執行機関としての理事会はこの解散問題についての主体性を失ったわけです。つまり研究所の爾後処理に関しては代議員会が主体性を持ったということなんです。もともと理事は代議員会が議決したことを執行する機関でありましたけれども、この段階にいたって、新設の専門委員会が専掌すると決められたのです。ただし理事も一人入っているのです。堀一郎です。桜田勝徳・関・和歌森、これは代議員、合わせて四人が委員になったのです。そして、議決の第三項では移管の第一候補として東京教育大学をあげ、同大学への移管については代議員会としても積極的にそれを推進するよう努力するという事項が入ったのであります。ここで注意しなくてはいけないのは、東京教育大学から相当強引に移管を進めたというふうに受け取られている、一般的にはそういうふうに言われておりますけれども、これは冷静に考えないといけない。

まず昭和三十年十二月四日の代議員会の席上、柳田から解散の爆弾宣言がありました。理事会は一体どうしたらいいかと連日善後策に頭をひねるのです。理事会では早くから学会と共同して、石田英一郎が、「日本民俗学の将来―とくに人類学との関係について」（『日本民俗学』二―四、昭和三十年）で民俗学は人類学の中に包括されるべきであると主張したことにどう対応すべきかを検討していました。民俗学は史学の中に入るべきであるという柳田の素志と違った方向でありますから、それが一つの解散を宣言する動機になったというので深刻に受けとめていたわけです。

たとえば民族学など隣接学問との在り方を確かめるために、学会の年会にシンポジウム「民俗学の限界」を企画して、人類学の中に入ったほうがいいのか、あるいは歴史学に含まれたほうがいいのかを検討したりしてきた。これは機関誌の『日本民俗学』（四―二、昭和三十二年）の中に出ております。

そういう努力をしてきたけれども、どうしてもうまくゆかない。自前で研究所を維持できないし、特別に資産を持っているわけではない。財政上ゆきづまってしまった。やむをえず移管するには第一候補として東京教育大学をあげざるをえないということになった。

その段階で代議員会のほうで、右のような議決文を作ったという経緯であります。理事会が先にそういう案文を作って、それを代議員会が可決して承認されたということではないのです。

この議決文を書いた記憶はありますけれども、その所在はどこかと、こんどいろいろ探索したんですけれども、ついに分からずじまいでした。最近、杉本仁さんにお伺いしてはじめてその所在がわかりました。しかし、その提出者の名前は伏せさせていただきます。

次に第二点は、東京教育大学長の柳田邸訪問の件です。『柳田国男伝』では、つづけて早々と趣意書をまとめた移管推進派は、朝永振一郎学長が柳田宅へ挨拶に赴いたり、文部省に働きかける工作を迅速かつ強力に推し進めていったと記しております。けれども、朝永学長が柳田宅へご挨拶に赴いたという事実はありません。というのは私が内諾を得るためのメッセンジャーを頼まれたからです。教育大の窓口は和歌森教授ですから、和歌森を中心として、おそらく一生懸命になって受入れ体制を整えたかと思います。しかし私は研究所の一理事でありますから、何れか一方に加担することはつつしまなければと自戒していました。しかし、委員会の指示があれば、それに応じなくてはなりません。また理事会の話合いで研究所の顧問であられた方々には、よく事情を説明してスムーズに移管が進むよう諒承を得ようということで、私と萩原理事の二人は牛込区に住んでいる石黒忠篤（元農林大臣）邸へお伺いして事情を申し上げ、なんとか研究所が閉鎖にならないようにしていただきたい、それについてはどういうふうな方法がよろしいでしょうかとご意見を求めました。他の理事の大藤、直江も、それぞれが分担してなんとか生き延びる道を模索しなければと努力したことがございます。

柳田の真意

昭和三十一年の一月八日に、柳田は隣の新宅にお移りになられ、十八日の談話会に出席されました。そして「本日をもってこれ以降はいっさいの研究の会合、それから談話会の行事には参加しない、出席しないから」と告げられたんです。それまでの先生は研究会と談話会には必ずおいでになって、つねにイニシアチブをとってリードする姿勢をくずされなかったのであります。

その段階で東京教育大学は、すでに述べた代議員会の決議にのっとってなんとかして移管を実現するためにいろいろ骨おって、ほぼ意見が固まったようであります。そして和歌森が、朝永学長に「一度先生に挨拶してください」と言ったらしいんです。それでは伺いましょうということで、ついては先生の都合を聞いてくださいということになって、それで和歌森が「お前は研究所へ行ってるんだから、先生のご都合を聞いてきいてくれな

図5　民俗学研究所解散時の役員

(川崎市登戸・紀の国屋にて，昭和30年12月4日，成城大学民俗学研究所蔵)前列左より瀬川清子，橋浦泰雄，先生，和歌森太郎，関敬吾，堀一郎(理事)，中列左より桜田勝徳，最上孝敬，牧田茂，石田英一郎，萩原龍夫(理事)，後列左より能田多代子，直江廣治(理事)，大藤時彦(理事)，櫻井徳太郎(理事)

いか」と言う。それで、私は柳田邸に赴いたのです。

そのとき先生は風邪をひかれてお休みになっておられたんです。奥さまに「今日は失礼します」と申し上げたら、「たいしたことはないようですが、一寸お待ち下さい」と中に入られ、「よろしい」、とのことで寝室の枕元でその旨を申し上げたのです。それは私にとりましては非常に印象的な先生との対面でございました。先生はいろんなことをお話しなさいました。「今の調子だと東京教育大学は六分ぐらいかな、四分はどうもね」というようなことも言われた。つまり全面的に教育大学移管という形勢になっていないとおっしゃるわけです。そういうことで「学長さんに会うのはまだちょっと早いかな」との心境で、その通りに伝えました。それで朝永学長はおいでにならなかったのです。私は柳田が東京帝国大学法学部政治学科のご出身であり、しかも行政の中枢におられて議会対策や政党人との応接も頻繁に経験された、そういう別の側面というものを垣間みることになった。私はある意味において大いに教えられたのであります。

『神戸新聞』に頼まれて平成四（一九九二）年に一文を草したものがあります（本書所収）。そのなかで「東京教育大移管、柳田は昭和三十（一九五五）年十二月突然のように研究所解散を言い出した。（中略）所員が本来民俗学的な調査研究をないがしろにして本を出していたことである、民俗学研究所は財団法人で文部省から助成金をもらっていたものの、必ずしも十分ではなく財政上逼迫していた。それをカバーするためいろいろな本を出版して、その印税で運営の費用や所員の人件費をまかなっていた。それは研究所の設立の趣旨に反している。もしこの状況を続けていくのでは、存続の意味なしということだった、柳田のきわめてシビアな研究所観と、あまりにも純粋にして高い理想を掲げていたため」解散するにいたったとしたためておきました。

その点では、学問に対して非常に厳正であって、それをまた弟子たちにも要求したのであります。けれども、所員がそんなに本を出して研究をないがしろにしたかというと、そういうことではなかったと私は思います。私の見たかぎりでは先生に盾つくようでありますけれども、所員はみな本当に真剣にやっておりました。しかし専属の所員はことに生活がかかっているわけでありますから、研究所の給料ではもちろん十分ではありません。そのために原稿を書いてその原稿料で生活費を補わなくちゃなりません。当然であります。これは大学の教授だってそうでしょう。かなりの高給をもらっておりながら、なおかつ収入を得るために、そういっては悪いけれど研究に役立たない非学問的な啓蒙書を出していますよ。

解散する段になれば、別のところに新しく独立した屋形をもとめ、そこで研究体制を作らなくてはならない。柳田が言い出す前に、もっとわれわれのほうが真剣に考えるべきだったのです。力が足りなかったのは理事の責任で、とにかくその点は慚愧《ざんき》にたえない次第です。

5 学会の受けた打撃

解散後の学会

最後に民俗学研究所が閉鎖になって非常なショックを受けた後の日本民俗学会は、一体どうなったかということを話したいと思います。これは大変な危機でありました。さきに述べましたように研究所と学会とは非常にピッタリと重なり合い、一心同体といわんばかりの歩調でやってきたわけです。一時は挙措《きょそ》度を失ったと言わんばかりに落ちこんだのです。とにかく解散になった研究所の再興が当分望めないならば、残る学会をどう建て直したらよいかたいへんな問題を克服しなければなりません。いままでは何をするにしても研究所、つまり柳田の書斎であった研究所が中心であり学会会合の場所となって運営されてきたのですから。

ここに当時の状況を示す私の手帳があります。これに研究所のことがメモ風に記してありまして、それを読みますと研究所自体の運営上の様子がうかがえるのです。たとえば理事はどういう分野を担当するか、所員は何を研究するか、『綜合民俗学語彙』の編集をするのは誰であるとか、あるいは会計庶務の係は誰とか、そういう人事のこと運営のことなどなど。当然でありますけれども、それと並んで理事会の記録があります。最後の清算のとき、代表理事であった大藤時彦の手許に、すべての資料が集められたはずです。さきの決議文、昭和三十二年四月一日の最後のとどめのとき代議員会が決議文を可決しております。それがどこをたずねても残ってないのです。この決議文は添付資料として文部省に会計報告などとともに提出され、文部省の許可をへて財団法人の解散がみとめられる手順ですから、それの写しは必ずとってあるのです。本文は手許になくとも写しは残っていなくてはなりません。カーボンペーパーを入れて三枚とり、その一部は文部省へ、二部は副本としてとってあるはずなんです。私が清書したのですから間違いありません。これを探してもらったんですけれども成城大学の民俗学研究所に問い合わせてもわからないんですね。これが出ないかぎり民俗学研究所の解散問題の正しい歴史は書けないと思います。ぜひそれが出てくることを私は願っています。これが出ますと正確な財団法人民俗学研究所の歴史が書けるのですけれども、いろいろ問題はあります。

さて、このメモを見てまいりますと、理事会で本来は学会の管掌であるはずの九学会の件が、研究所の議題にのぼっているのです。民俗学研究所の理事はすべて学会の理事を兼ねていますから、理事会をやれば当然議事が学会の方へいくわけです。会則によれば学会の理事会を開いて決めなくちゃならないんだけど、そこでことが足りる。その一端の表れとして第八回の九学会大会が論議されておりまして、まず柳田が「移住の話」をなさる件を決めています。そしてもう一人の講師に岩崎敏夫を選んでいるのですね。それは「日本民俗学会の学会の代表」としての割当てなのですが、全部この理事会で決めている。「岩崎氏九学会出席について、旅費二〇〇〇円」と記してある。つまり岩崎は相馬市（福島県）からの出張であるから、したがって東京へ出てくるための旅費を出すとの決定です。これは本来学会が出すべき性質のものでしょう。学会には予算がない、そこで学会出張はどこへ行くにも自弁です。だから九学会に出席するにも旅費自弁が普通の例でした。しかし地方の会員の出張だから特別に旅費を支弁する。それを研究所の会計の中で処理したわけです。つまり両者が一心同体に機能した一つの例であります。ところが研究所の解体によってそういう体制がいっきに崩れてしまったわけです。

まず役員になり手がない。それから事務の引き受け手も現れない。学会事務のほとんどは研究所の所員が無報酬で引き受けていた。あのころはじめは委員、ついで評議員、そののちは理事になる。その役員体制がバラバラになったから、一時はそれこそ大変な状況になってしまったのです。それで結局どういうことになったかというと、研究所代議員会の監事であって、かつ議長をつとめた最上孝敬が学会の代表理事になるんです。柳田邸を使えなくなりましたから、本部事務所をどこにおくかということになって、最上が個人的に昵懇であり、また地理的に近くにあった能田多代子邸を借りることになりました。

解散後の談話会

研究所の研究会は自然解消となったけれども、歴史的な「談話会」が依然としてつづけられたのは僅かに気休めになりました。この談話会は私の記憶によりますと、解散直後は会場が決まらず二ヵ月ほど開かれなかったと思います。それじゃあ困るというので、会場を関係者たちが探し求めたわけです。まず高田馬場にある東電の施設を借りる。学会編の『日本民俗学会の五十年』年表をみると会場に困った事情が理解できます。昭和三十一年三月十日に第三九四回談話会が民俗学研究所で開かれたのを最後にストップ。四月七日は休会。そうして四月の談話会と、五月は九学会連合があるから休みとし、六月九日に、つまり解散してからはじめて第三九五回の談話会が行われるわけです。このときの会場が高田馬場サービスステーションです。発表は西垣晴次「土佐槙山郷の報告」、井之口章次「昔話の趣向とその背景」、櫻井が窪徳忠の『庚申信仰』の紹介でした。以後しばらくこのサービスステーションで行われました。代表理事の最上が私的に頼める方々を指名して、事務をつとめてもらったのです。そのうち徐々に体制が整ってまいりましたが、談話会の会場には非常に困ったのでありま す。談話会記録には第四二一回から第四四〇回までは欠除し、また何回か「会場不明」と記されていて確かめようがありません。サービスステーションはかなりつづくのですが、それが駄目になりますと、今度は上智大学の一会議室を借りて、相当長くお世話になるのです。

いろいろと曲折があったけれども学会を再建して、民俗学を発展させようとの気運が高まってきまして、やがて最上の後に和歌森が代表理事となり、そして理事も出てきました。事務所を教育大学の民俗学研究室に置いたり、それができなくなると、隣の茗渓会館の会議室を借りたり、新宿レディースクラブを借りたりで相当苦労するのであります。けれども、やがて事務所は代表理事が関係している所に置くということになって、和歌森が代表理事になったときには教育大学民俗学研究室、大藤時彦が代表理事になったときには成城大学に置くというようなかたちになってきた。そこにいたるまでは大変な苦労がございました。ここで申し上げたいのは、民俗学研究所の解散によって日本民俗学会が大波をかぶり大きく落ちこんだこと、それを再興するために大変な努力が必要であったこと、そういう苦難の歴史を忘れてはならないということでございます。

民俗学会の民主化

ここで学会の民主化の問題を最後に取り上げてまとめとしたいと思います。

日本民俗学の伝統を継ぎ、その火を消してはならないという気持ちはみな堅持していました。そしてその素志が結集された結果、柳田の創設した研究所時代の精神と研究活動に再び火がつき、ついに体制を挽回して息を吹き返しました。やがて二〇〇〇名を超える会員をもつ組織となりました。人文関係の学会で二〇〇〇人以上の会員を有するのは、ほんの二、三にかぎられているんじゃないですかね。そういう発展をとげるにいたったのは、創立者の柳田の素志を忘れずに、先輩たちが危機的状況を乗り越えてきた努力のたまもので、それを忘れてはならないと思います。

「民間伝承の会」は創立以来、柳田が会長をつとめ、日本民俗学会と改称したのちも、当初は引き続き会長でありました。その会長が評議員を指名する。そして会長指名の評議員がすべてを議決する。評議員会は立法機関でありますから会員の選挙で選ばれて、会務執行の役員（理事委員）を選ぶということは原則でありましょう。規則上はそのように定められていても、現実には会長の意思で決められた理事が原案をつくり、専ら柳田の意向をうかがって、評議会へ提案するわけです。うまくゆく場合はよいのですが、ともすると馴れ合いにおちいる弊があります。柳田主導のときは順調に推移しましたが、手を引いてしまえばつづくわけにはゆきません。ですから早く改めなければいけない事態が生じてきたのです。

柳田もこの点を心配なさいまして、早く学会が自立するよう配慮しておりました。昭和二十四年、日本民俗学会が発足した当初は会長を受けましたけれども、すぐに辞退されました。以後、会長制は置かないで委員制をとることにしたのです。評議員の中から委員を指名し、一人が代表となって、まとめればいいという形をとったわけです。しかし他の学会との釣り合いもあり、それにならって次の会則改正のときに委員を理事に改め、理事の一人が代表理事になるという体制が生まれ、今日までつづいてきているのです。しかし、評議員の公選が確立してないので、理事が評議員を選出しその評議員が理事をきめる、馴れ合い慣行が依然として定立していました。これを断ち切らなければ、本当の意味の民主的な学会は成立しない、そういう声が会員の中から出てまいりました。

理事会はまず評議員を会員の中から選出する公選制を確立しようと、昭和四十七年十月の新潟大学で行われた第二十四回年会に提案したところ、評議員会の賛同が得られず否決となりました。そこで、しばらくおいて昭和五十一年の福島市で行われた第二八回年会のときに、再度提案しましたけれども、評議員会で継続審議にされてしまいました。柳田に依りかかって進んできた多くの地方評議会の賛同がえられなかったのです。しかし、ついにその次の昭和五十二年東洋大学における第二十九回年会ではじめて認められるにいたったのです。実現までになんと五年も要したわけです。

しかしながらその評議員にしても理事にしても、任期に制限を定めていないわけですね。何期もつづけて連続で選ばれることではマンネリ化してしまう、それを是正するために、任期制を提案しましたが、それがやっぱり継続審議でなかなか決まらない。そこで私が最後の代表理事を務めた昭和五十九年十月六日の第三六回岡山年会のとき、理事会推薦の評議員の廃止と役員の連続三期就任を禁ずる会則が成立いたしました。長い間なかなか実現できなかった問題点もようやく解決され、おそまきながらも学会民主化への体制がととのってきたのでした。

民俗学研究の自立と多元化

柳田が研究所を解散し学会から手を引いたことは、たしかに学会にとって大きな打撃であり、民俗学の停滞をもたらしたことは否定できないところでした。けれども、それによって柳田自身の学問が停止したわけではありません。各地へ赴いて講演の招きに応じ、論文を発表し数ある著書を公刊して、壮者を凌ぐ活躍ぶりには驚嘆すべきものがありました。それに励まされて逆に民俗学を志向する層は広がり、幾たびか柳田ブームが起こり、柳田学の裾野は民俗学の枠を越えてますます広大な領域へ浸透、多元多彩なジャンルへと展開してゆきました。

その影響もあって一時は鳴りをひそめた民俗学会も、柳田の羽交いから放たれたショックを乗り越えて自立の道を模索しはじめました。柳田の高弟たちは、その所属する大学や研究所にあって、民俗学を専攻する専門研究者養成の講座を開設したり、教養課程に講義をおいて斯学の普及につとめました。あるいは国や自治体をして民俗文化財の発掘と保護育成を図らせるために博物館や資料館などの施設を開く運動につとめ、自らその中心的役割を果たしました。とくに、九学連合をはじめ、各機関の地域共同調査の中心メンバーとなったり、国や自治体の民俗資料調査を引き受けて報告書を刊行するなど大きな成果をあげるにいたりました。独り立ちした若木がしだいに巨木へと成長するきざしが見え出したことは、明るい希望をもたせることになったのです。

コラム

柳田國男賞受賞雑感

歯を磨いてそろそろ寝に就こうかと机上を整理しはじめたところへ、いきなり某新聞記者の来訪だという。なにも悪いことをしたおぼえはないはずだがと思いながら会ってみると、第一回柳田賞受賞の感想をききたいという。

「あなたは学界でのうるさ型でとおっているそうですが、ほんとですか」、開口一番の質問がこれである。「あなたの学問の傾向は保守的だといわれていますが、どう考えますか」、「このんで議論をするので一言居士の称があるそうですね」、「うそをいっても駄目ですよ。各学界の要路の人からきいているのですから」。

自白を強要する刑事の高圧的態度である。新聞記者とはぶしつけなものと聞いてはいたものの、こうまくし立てられては返事をする余裕も何もあったものではない。要するに掲載する原稿の腹案はすでに出来上っている。ただそれを確めに来たに過ぎないのである。だから、その先入観を是正しようと力説これつとめてみたものの、所詮無駄骨であったことが後日の記事によって証明された。

こういう被害を、多かれ少なかれ経験された方は少なくないと思う。それが自身に限られた事柄にとどまる場合は、不徳の致す所とあきらめもできよう。しかし累が他人におよぶ場合は、穏やかにすますわけにはいかない。当人の学問が保守的であるとか後向きであるとかと決めつけることは、批判者の自由であろう。けれども、それをもって日本民俗学・柳田学の傾向と断定したり、私自身がそのように言ったといわれたのでは、抗議しないわけにはいかない。

宗教を研究対象としているからといって、また古い時代を取り扱っているからといって、それがただちに学問の保守性を示すものとはならないであろう。柳田國男はむしろ、民俗学は現在の疑問に答える学問でなければならぬと、最初から強調しておられる。天下の公器と自負する新聞、新時代をつくると高く評価されるものがこれでいいのであろうか。ジャーナリズムおよびその関係者には、もっと謙虚さと慎重さがあってよいのではなかろうか。

今回の受賞対象になった私の仕事は（『講集団成立過程の研究』）、優等生が教師に提出するような洗練された答案ではない。青白き秀才は、書斎の明窓浄机に向って素晴らしい構想をつくり上げる。鈍才の私は、リュックを背負いどた靴を履いて草深い田舎を歩き回る。そして民家の縁先きや囲炉裏の端に腰を下ろし、古老のもの語る永い伝統的な生活事実や体験を通して、祖国の歴史を考え、日本民族の思想体系をさぐろうとした。

これは、綺麗ごとをこのむインテリには受け容れられない仕事であるかもしれない。しかしながら、日本の文化とか歴史を論ずる際に、民衆の生活実態を無視することは許されないであろう。しかもそれを、実際に己の目で見、直接自らの手で触れてみなければ満足できない心情が、日本民族の歴史的発展を民俗学的視角から究めてみようとする気持にさせたのである。

農山漁村や離島を探訪して回ることは、相当な肉体的苦痛をともなう。その度合は齢を重ねるとともに深まる。けれども、はじめて訪れる村や島で遭遇するであろうあれこれに思いをめぐらしていると、いつしかその期待に心がはずんでくる。

津軽の山中で知った山姥《やまんば》のごとき老媼、南海の孤島青ケ島の昔語りをしてくれた巫女《みこ》、対馬の海岸で月光のもとに言葉を交した可れんな乙女。そうした思い出を綴ることは別の機会にゆずらねばならないが、みんな今回の受賞を心から喜んでくれている人びとである。

二　柳田と民俗学研究所の解散

今年（平成四〈一九九二〉年）は柳田國男の没後三〇年にあたり、各地で記念の行事が行われている。柳田はいうまでもなく、日本の民俗学という学問体系をうちたてた。それだけに、昭和二十二（一九四七）年に自宅に開設した民俗学研究所については、愛着が強かった。しかし、没後の三〇年たった今も、なぜその民俗学研究所が解散せざるをえなかったかは、いぜん謎として残っている。かつて研究所の理事だった私の関与した体験をもとに、解散までの経過をここで明らかにしてみたい。それが、先生の学恩に報い、今後の民俗学の発展にもつながる道だと思うからだ。

消えた教育大移管

柳田は昭和三十年十二月、突然のように自ら打ち立てた財団法人民俗学研究所の解散を言い出した。そのとき表明された理由のひとつは、所員が本来の目的である民俗学の調査研究をないがしろにして本づくりの編集出版に精を出していたことである。民俗学研究所は財団法人で文部省から助成金をもらっていたものの、必ずしも十分ではなく財政上逼迫《ひっぱく》していた。それをカバーするためいろいろな本を出版して、その印税で運営の費用や所員の人件費を賄っていた。それは研究所設立の趣旨に反し、こうした状況をつづけていくのでは、存続の意味なしということだった。柳田の極めてシビアな研究所観と、あまりにも純粋にして高い理想を掲げていたための解散論であった。

第二は、研究所の代議員（法人の評議員にあたる）だった身内の石田英一郎が日本民俗学会で講演し、日本民俗学は文化人類学の体系の中に入るべきだと報告した問題である。民俗学は歴史の中に入るというのが柳田の持論であり、内部からそれを真っ向から批判した主張はショックであった。けれども、弟子たちは何も反応を示さない。柳田は腑甲斐ない弟子に対し一体これまで何を勉強してきたのか、平素自分がさまざまな課題を与え励ましたのに、誰も石田に反論できないとはどういうことか。民俗学の将来に期待はできない、解散する以外にないということになった。

伝承などを中心とした民俗学は歴史学の中で主流にならないまでも、文献史学と並んで二本の柱の一つというのが柳田の考えだった。それだけに、研究所の閉鎖は決してその本心ではなかったという思いが強い。研究所がなくなってしまえば、学問的な実践の場が失われるからだ。

柳田が解散の話を出した時、われわれは民俗学研究所をどう活性化したらいいのか、民俗学を学問体系として持続していく機関をどう維持できるかを真剣に考えた。その中で一番実現可能な案が、旧制東京文理科大学の伝統を持つ東京教育大学（現筑波大学）への移管案であった。この中心になったのが、当時、研究所代表議員で文理大出身の和歌森太郎で、柳田の精神を受け入れた構想に柳田自身相当傾いたようだった。和歌森は当時の東京教育大学学長の朝永振一郎が柳田にあいさつする段階にきたとし、後輩の私に日程の交渉を依頼した。柳田の自宅を訪ねたとき、風邪気味だったため枕元に私を呼んで「やあ、ごくろう。風邪はたいしたことはない。移管の問題をなんとかしたいが、今、大塚（教育大）に移管するのは六分四分。六分は教育大に傾いているが、四分の反対がある。それでまだ決断するにいたらない。そういう状況だから、今すぐ学長にお会いすることはできない」と柳田は言い、結局、学長はあいさつに行けなかった。一部であいさつに行ったような記事が流れているが、これが真相なのである。

その間、国学院、成城大学、慶応大学ものろしをあげていろいろと対立が起こり、また移管後の教授や助教授の人事案が勝手に流れるなどして反対派が硬化し、東京教育大学移管案はつぶれ、昭和三十二年、研究所は閉鎖された。

偉大すぎた柳田

しかし、今になって思うと、それが民俗学という学問にはプラスになった。東京教育大学は文学部史学科のなかに史学方法論（民俗学専攻）をつくり、民俗調査団を結成し、国東、石見、南伊予、美作、淡路、志摩、若狭、陸前北部、津軽、沖縄を調査し、九冊の報告書をまとめた。成城大学では文芸学部に民俗学専攻の課程を開き、大学院に日本常民文化専攻のコースができ、やがて同大学名を冠した民俗学研究所も創設された。国学院大学の民俗学研究会も地道な調査をつづけて成果をあげている。

研究所閉鎖までは、あまりにも柳田が偉大すぎて皆が子飼いにされ、その掌《てのひら》の中からでられなかった。学問的に刺激され研鑽《けんさん》に努めたけれど、それは大きな柳田の枠の中でしかなかった。しかし研究所の解散、つづいて柳田の逝去によって結果的には乳離れができた。そういう意味において解散もよかったのではなかろうか。自らの意思と努力によって学問領域を切り開いて進まなければならないという自立の覚悟が生まれたのだと思う。研究所の閉鎖にともない柳田の蔵書は成城大学に移された。分散が避けられ研究者にとって大きな財産となった。民俗学研究者が私有するのではなく、今も柳田文庫（のちに民俗学研究所）として広く活用されている。ここにも柳田の先見の明を強く感じるのである。

この遺産をもとに、日本文化とは何か、日本民族とは、日本人の生活の本質はどこにあるのかを問う学問として、今後、民俗学の新しい領域を築いていきたいと思っている。

三　柳田國男の晩年

死についての回想

昭和三十七（一九六二）年八月八日、柳田國男は心臓衰弱のため東京都の西郊世田谷区成城町の自邸で、眠るがごとき大往生をとげた。享年八八歳、永隆院殿顕譽常正明國大居士の戒名がおくられ、四日後の十二日、青山斎場で仏式による日本民俗学会葬が営まれた。そして遺骨は九月十一日、生前に設定された川崎市春秋苑の墓所へ埋納された。

筆者が柳田の訃報《ふほう》を知ったのは二日おくれた八月十日夜で、岐阜県郡上郡白鳥町石徹白《いとしろ》の旅舎で遅れて配達される新聞によってであった。そこは越前と美濃との国境にあたる秘境で、交通の便はまったくなく民俗資料を豊かに保持する民俗学の宝庫と目された所である。ほとんどの夏休みを資料採訪の旅にあてていた筆者が、当年にこころみた民俗調査の一目的地であった。そのときの採集ノートに「六時半帰館。旅舎に新聞を求めて披閲するに、恩師柳田先生、ついに永眠すと出でたり。驚天動地、四周暗闇にとざさる。ああ遂に巨星地に堕つか。しばし黙禱をささぐ。悲歎の涙止まず。日本民俗学界のこし方ゆく末のことが脳中をめぐる。先生に享けた学恩の大なることが今更胸を打つ」と記されている。町役場当局にたのみ県のスポーツ大会出場選手送迎のマイクロバスに便乗させてもらい、急坂を降り夜を日についで帰京し、ようやく通夜に間に合い、霊前にぬかづき臨終に遅れたことの罪を深く謝した。

それから一七年の歳月が過ぎようとしている。その間に、生前に企てられた『定年柳田國男集』は見事完成し、彼が創案し提唱した民俗学は立派な市民権を日本の学界で獲得し、またその業績は多くの内外の研究者、思想家、評論家から注目され讃仰され、六〇年代後半からは「柳田ブーム」とよばれるほどに人びとの関心をよび、世の評価は、むしろ死後において高まった。その生誕一〇〇年を期して、昭和五十年七月二十九日、東京飯田橋のホテル・グランドパレスで行われた国際セミナーのシンポジウム『日本文化の普遍性と特殊性』には、アジアの韓国・台湾・タイはもとより、アメリカ・オランダ・フランス・ドイツ・スイス・オーストリアから多くの大学教授や研究者が集まり、活発な討論が展開されたのも、そのことをもの語っていよう。その冒頭にあたり筆者が述べた「発題趣旨」に、

　今日、柳田國男の思想や学問についての関心は、内外にわたり異常な高まりを見せております。国内の動向につきましては、あえて触れる必要はないでありましょう。海外におきましても、柳田國男という学者を研究するために努力する人たちが急に増加し、わざわざそのために日本へ留学する学徒が増えております。また去る（一九七五年）三月二十六日には、アメリカ、アジア学会

の第二七回年次大会がサンフランシスコで開かれました。その時の一つの課題に「柳田國男パネル」が設けられましたけれど、そこにおきましては、世界の学者が集まって盛んな討論が展開されましたことは耳新しいニュースでございます。

今や柳田國男は、国際レベルにおいて世界の学問・思想研究の焦点となっており、これを日本民俗学の設立者という名のもとに狭く日本の国内だけに抱え込もうとするのは時代錯誤であります。広く国際的な学問研究の場へ投げ出して、その客観性が問われなければならないのです。いつの日にかそういう機が熟し日本民俗学が国際性を問われるようになる、そのことこそ柳田自身の欲するところではなかったかと考えられます。没後わずか十三年の短い時間的経過にもかかわらず、その生誕百年を記念して、ここに国際シンポジウムを開くに至った理由は、実にそこにあるのであります。（柳田國男生誕百年記念会編『柳田國男生誕百年記念　国際シンポジウム・民俗調査報告書』昭和五十一年）

とある客観的情勢には、それよりさらに四年を経過した現在においても何ら変わったところがないといってよかろう。

ところで、柳田の晩年期において、学問的・思想的領域で果たした独創的なものは何であったろうか、社会的貢献はどうであったろうか。そのことを検討するのが本章の趣旨である。しかし、年齢的には老頽期にはいり心身ともに機能の衰退を免れず、人生の黄昏を歩まざるをえなかった時期にまで、輝かしい過去の業績をもち出して比較し、それとの鼎《かなえ》の軽重を問うがごときは、まさしく頻死の馬に鞭撻つの譬というべきであろう。

おそらく柳田の学問的創造の営為は、名著『海上の道』(筑摩書房刊)で終わったであろうと見るのが、大方の一致した評価である。とすると、同書の発行が昭和三十六年七月であるから、死の前年まで飽くことなく研究活動が続けられたことになる。文字通り学者として超人的なキャリアを歴史に刻んだと断定してよい。

しかしながら『海上の道』に収録されたオリジナルな論文は、昭和三十五年公表の「鼠の浄土」を除いて、ことごとく昭和二十五年から同三十年にわたる期間に発表したものである。その「鼠の浄土」も以前に南山大学の求めに応じて執筆していたのを、後に成城大学紀要『伝承文化』創刊号にのせたわけであるから、成稿の時期は、前述の諸論考とほぼ同じころとみてよい。このように眺めてくると、柳田國男の独創的な学問生涯は、『海上の道』所収論文の成稿とともに終わったとみるのが妥当な線である。そしてそのエポックは、奇しくも、彼が創立し自身で解散を宣した民俗学研究所の閉鎖と軌を一にしている。何故に民俗学研究所を閉じたのか。この点をめぐっては諸説が巷間を彩っているけれども、期せずして柳田の本格的学問活動の終焉と一致していることは重視してよいし、そこにこの問題を解く重要な鍵が秘められているように思われてならない。

『海上の道』をもって学問営為の最後だときめる見解には同調されない方も少なくないと思う。実際に『定本柳田國男集』（以下、定本と略記）年譜をみると、それ以後にも旧著の発行がつづくうえに、回想的自伝『故郷七十年』（のじぎく文庫、定本別巻三）を出版したり、「稲作史研究会」をはじめ各研究機関でこころみた学術座談会に出席して高邁な論を披瀝し、またしばしば講演会の講師をつとめて学問論を展開し、蘊蓄を傾けている。それらのテープ録音はほとんどにわたり再生されて各誌を飾っている。その最晩年にいたるまで、われわれは学恩をうける幸せに浴しているわけである。けれども、それらが『海上の道』の段階を抜け出して、さらに斬新な学的レベルを示してくれているかというと、そうはいえないのではなかろうか。円熟な域を示し、時には刺戟的な発想や示唆に、はっと思わせるものを多く含んではいるけれど、それらが体系化され一段と高いレベルの学問論へ煮詰められているとはいえないと思う。ことに晩年の多くは口述筆記か録音の再生原稿化であって、自筆草稿そのままではないのである。編集者の恣意的意図がはいっていないとは断言できないのである。

柳田は、この点はきわめて厳格で、座談会の記録であろうと講演会の口述筆記であろうと、必ず目を通して朱を入れたのを原稿とする体制を崩すことはなかった（たとえば脱落の多い講演速記に手を入れて完結するよう命じられた筆者の清書に、丹念に目を通された）。だいいち講演に際しては特製の白紙原稿にかならず筆を染めて演壇に立った。熱してくると本筋をはなれて談論風発、まことに該博な蓄積が披露されるので、けっして草稿通りに進むことはない。しかし、原稿をしたためて講演に臨む姿勢は堅持し、また弟子たちにも守るよう勧められた。だが、その原則も昭和三十年ころからみられなくなったと思う。この点からも、このころをもって一つのエポックとみる客観性が出てくるのではなかろうか。

民俗学研究所の閉幕

民俗学研究所の解散は、同時に日本民俗学会や研究活動から一切手を引くことの宣告でもあった。それまで日本民俗学会は、事務局を柳田邸内にある民俗学研究所におき、機関誌の編集や年会の持ち方、さらに毎月の研究例会「談話会」の運営にいたるまで、指導をうけた。機関誌掲載の会員論文を読み、談話会発表者の研究に耳を傾けて批評を加えることを斯学推進の大事な在り方と信じていたので、それを少しも煩雑とせず、つとめて倦むところがなかった。郷土会以来、木曜会をへての永い学界指導と先達たるの自負とが、八〇の齢を超えてもなお先頭に立つ気概をささえたともいえよう。春秋に富む偉才ある新人の出現を期待する念願が、老軀をひっさげてなお学界の先陣を歩むにいたった原因となっていたともいえよう。しかし、それも民俗学研究所の廃止によって中断され、爾後賦活することはなかった。

柳田の巨大な包容力にはぐくまれ、ぬくぬくと何の心配もなく育った民俗学は、一人立ちの巣立ちがおくれ、遅い乳離れのため途方にくれてしまった。一時は挙措度を失って去就を決しかねていた。しかし、研究所の閉鎖により民俗学研究の拠点を失い、いやおうなしに一人歩きをはじめねばならなかった日本民俗学会は、やがて低迷のとばりを押し開いて体制をもちなおしてきた。また、あまりにも巨木に頼りすぎて主体性を失った柳田の弟子たちも、地域ごとに、あるいは大学や研究機関、教育の場において一人立ちし、独自の研究体制を樹立し、立ち直りをみせはじめてきた。おそらく民俗学研究所の解散は、そうした帰趨《きすう》を予想した柳田の決断であったかも知れない。結果論ではあるけれども、そのように思われてならない。

さて研究所を解散し、蔵書を成城大学へ寄贈し、いわば民俗学との深い縁を断ち切って、まったくの自由人となった柳田にとって、晩年の生き甲斐が何であったか、何が老後の喜悦として身内《みうち》を捉えていたであろうか。

筆者は民俗学研究所の最後に理事の末席を汚し、代表理事大藤時彦、同じく理事萩原龍夫とともに財団法人の清算責務を負わされた。倒産会社の更生事務などはいかにも味気ないものであろうが、それでも新社をつくって再生する希望はもてる。しかし民俗学研究所の解散は、かすかなりとも再開の望みをのこしての閉鎖ではなく、文字通りの崩壊である。これほど淋しい思いをした体験はいまだかつてない。蔵書の寄贈をうけ柳田文庫を新設したり、あるいは民俗学の講座開設に希望がもてるならば新しい勇気も湧いてきたであろうけれど、そういうルートにのれない人たちにとっては、これからどうなるかと、将来を思うときの絶望感は募るばかりであった。

民俗学研究所時代、直接柳田に私淑した民俗学者の数は実に多い。こと民俗学に志す人であれば、誰とも会い学問を語ることにワケへダテのなかった柳田である。ところが民俗学研究所解散後は、以前ほど気軽に訪れて教えを乞うことができなくなった。老師の身辺を煩わしてはならないという顧慮もあったけれど、何となく気軽に訪問することを引き止める気兼ねがあって、いたずらに民俗学研究所時代を懐しむことのみで過してしまったのはまことに口惜しく覚える。どうして勇を鼓して教えをうけなかったのか、怯懦《きょうだ》と退嬰《たいえい》とを悔いている。

晩暮の日々

柳田の散歩好きは有名である。それも老後のたのしみなどという程度でなく、歩くときは一〇キロくらいは平気である。青壮年期に長期にわたる民俗採訪の旅をこころみた習慣で、それが健康の因であった。もう一つは週二回通院した鍼治療の医療的効果による。とくに後者について、本来頑健とはいえなかったものが、かく長命を保ったのは一に鍼医の力によると述懐していた。民俗学研究所時代の柳田は、読書と資料の閲読、そして執筆に終始する日々であったが、時々不眠を訴えることがあった。それくらいに心身を酷使し学問に打ちこみながらも、米寿の高齢を保ちえたのは、期せずして足腰を鍛えた全国行脚と日々の散歩であったといってよい。あるときは京王線の仙川方面まで足をのばしたところ、過労のため足が進まず泥まみれになって近くの桐朋学園に辿りつき、関係者を驚愕させたという危険な逸話を残している。

いずれにしても昭和三十二年以降、死にいたるまでの五年間は、自由な最後の人生をおくることになる。そのころ欠かさずに世間へ顔を出すのが学士院・芸術院の総会であった。とにかくそこの席上では、かつて大学でともに学んだ同窓にあえるし、みずから疑問とする学問上の問題点を投げかけ、ともに語ることのできる碩学がいる。そのときが一番嬉しそうですよと洩らされた夫人の言葉が今にいたるまで強く印象づけられる。しかし、それらの知友同学が、しだいに他界されて一人二人と欠けていくのには痛恨の思いを深くしたに違いない。みずからもまた死を免れえない存在であり心身の力が徐々に抜けて行くのを自覚せざるをえなくなって、念頭を去来したのは何であったであろうか。柳田の最晩年の健康状態については、当時の日本民俗学会代表理事和歌森太郎が、訪問記を機関誌『日本民俗学会報』二二号に寄せている。それによると、

正直なところ、私にはこの一年の間に、先生がめっきりおやつれになったという感じをいなめませんでした。ひげが伸び放題だったということも手伝ったのでしょうが、例の目つきも、よく高齢の老人がそうであるように、瞬間、うつろに見られるときがあったりして、少なからずギクリとさせられることがありました。……(中略)

このようなことを会員諸氏に御披露するのはまことに辛いことでありますけれども、先生が必ずしも二、三年前までの先生ではないということを知っていただく必要があるかと思うからです。

と警告を発している。この訪問は「昭和三十六年度の日本民俗学会の会が終わった後で、その模様をおしらせかたがた」であったから、同年十月上旬とみてよかろう。「ついさっきお話したことをもう

一度元に戻して尋ねられるという」状況は、けっして安心できる状態とはいえない。それを期にして柳田國男に関する顕彰の企てがマスコミその他で立てられはじめる。たとえば昭和三十七年には生誕の地、兵庫県福崎町が名誉町民に推挙し、NHKが前年の十一月二十三日「朝の訪問」の時間に近況を放送し、同テレビが昭和三十七年三月二十二日「ここに鐘は鳴る」の番組を特集して出演させ、旧知のもの二七名が全国から集まってステージに上がり面談した。また朝日新聞は記者を派遣しその談話筆記を「柳翁閑談」として一五回にわたり掲載、雑誌『心』『言語生活』などが談話記事をのせている。

こうして老衰の加わるなかにあっても、柳田の社会的評価は少しも傾くことはなかった。しかし寿命には勝てず、悲しみの昭和三十七年を迎えることとなる。

昭和三十七年は筆者にとっても忘れることのできない印象深い年であった。なかなか面会が許されないまま日を送っていたけれど、直接電話でお願いしたところ快諾とのよしで、心の昂ぶりを抑えて成城の柳田邸へ急いだ。その年の三月三十日であった。理由は、前年提出の学位論文が通過し学位記を頂いたのでそれを報告するとともに、同論文が出版刊行されたので献呈するためでもあった。その時に示された温顔と激しい激励の辞とは今も深く脳中に刻まれて消えることがない（拙著『講集団成立過程の研究』第四版序、参照）。和歌森太郎による前述の訪問記とは余りにも異なった健康状態に、よろこび、かついっそうの長寿を期待したのである。

越えて五月三日には成城大学で日本民俗学会主催の米寿祝賀会が開かれた。記念講演など幾つもの記念行事が催されたので常時の出席はえられなかったけれど、何度も自邸との間を往復されて温顔をみせ、なおしっかりした口調でのご挨拶であったので、些か足どりの乱れが気にかかった程度で健康上の心配は何もなかったかにみえた。

ところが八月八日のうだるように暑い夏の午後一時二十分、老衰のため、ついに八八年の生涯を終えたのである。

ひとつの謎

なぜ柳田は民俗学研究所を解散したのであろうか。これについてはいろいろの憶測が翔んでいる。けれども、いずれも、これが決定的な理由だといえるものはない。その限り一つの謎として問題がのこされよう。これと並んで今日にいたるも釈然とせず疑問の残されるもう一つの謎がある。それはどうして神式による葬儀を採用せずに仏式によったかという点である。

この問題は柳田の死後、関係者とくに民俗学者によって抱かれてきた疑問の一つであった。すでに若干感想めいた議論が発表されているかも知れないが、公式の表明を聞いていないし論説も見ていない。しかし葬儀の採用方式の如何が、どうしてそれほど問題となるのであろうか。

いうまでもなく柳田の実父、松岡約斎は平田派神道の教養をうけ、一時神官の職をつとめたことがあった。そこで生を享けた柳田が、その影響をうけない筈はないであろう。また東上して次兄井上通泰宅に寄寓し、勉学をつづけた明治二十五年の一八歳のとき、歌人松浦萩坪の門に入り短歌を学んだことがあった。この和歌の師匠は、『故郷七十年』で述懐するように、たいへんな平田篤胤の崇拝者であった。篤胤の幽冥観に傾倒し、人間は互いに眼にこそ見えないが君と自分とのこの空間も隠世《かくりよ》であって、すべて言うことは聴かれ、することは視られている。それだから悪いことはできないし、嘘をつくと直ちにばれてしまう。そういう教理と信念の手ほどきを青少年期にうけている。その平田神道は幕末維新における王政復古の指導理念の中核に位置づけられ、廃仏毀釈《きしゃく》運動の推進力となっていた。そして各地に神葬祭運動を展開していた。その平田学が強力な感化力となって多感な青少年期を被っていたのである。

もっとも柳田は平田派神道教説を全面的に肯定していたわけではない。けれども、日本民族の固有信仰を明確にするところに日本民俗学の最大目標をおこうとしたとき、神道（正しくは民俗神道）の在り方はきわめて重要な意味をもってくる。とくに漢意《からごころ》に汚染されない古神道の実態は、もっとも強く国固有の神社祭祀に表現されるところから、儒孔・老荘に歪曲されないところを追及しようとこころみた。また天竺・震旦、朝鮮の三国を通って移植伝来された仏教によって、習合変異を遂げる以前の姿態のなかに民俗固有の信仰をみようとつとめた。したがって柳田の民間信仰論には、固有信仰を追及する熱意のあまり、仏教が日本人に与えた功罪を十分に検討しない以前に、仏教の影響力を排しようとする主張がなされている（拙稿「総説――柳田國男の神道論をめぐって――」『神道民俗学』日本の民俗宗教講座、第一巻、昭和五十四年参照）。

柳田がよく使用する固有の意味は、日本人や日本社会において独自性をもつ基本的特徴のすべてを指すが、これを宗教の側面にスライドさせると、固有信仰となる。それは必ずしも神道とシノニム（同義）ではない。けれども民族宗教の神道にきわめて密着している。少なくとも仏教以前の民族宗教に著しく傾斜している。その固有信仰は「村々の旧い氏族が、昔から今の日まで祭り続けて居る氏神の信仰行事と、他の一方には現在我々が毎年の盆に、斯くまで大きな仏教の干渉が有つたにも拘らず」それにもひかれずに「歴代の祖霊を家に迎へて、共同飲食の歓びを交へようとして居る習俗」のなかに厳存している（『山宮考』定本一一巻）。この伝統的な祖霊祭祀こそ固有信仰の原点だ。それを明らかにするのがわれわれのつとめであり、また日本民俗学が力を尽くす目標なのである。

このような学問的信念に立つ碩学が、自己の埋葬を一般通念による仏式へ委託する筈がないではないか。あれほど仏教による歪曲化を否定しておきながら、その説をまげて仏葬を許すことはあるまい。だから必ず神式によるであろうとする民俗学関係者のパースペクティブがあったとみてよかろう。しかるに八月十二日の青山斎場における葬儀はこともあろうに仏式によって執行された。これはどうしたことであろうか。

もちろん養家柳田家の菩提寺は浄土宗であって、歴代の祖霊はことごとく菩提寺で回向されるので、養家の祖風に従ったまでといえば、納得もできよう。しかし、それでは平素の主張からみて首尾一貫しないのではないか、学者としての道義性が問われるという非難を寄せる人もないわけではない。

この点の検討についてはご遺族の見解を仰がなくてはならないであろう。いずれにしても柳田の遺言には、みずからの埋葬について何らの指示がなかったものとみられる。だから家風に則って家例による仏式葬が営まれたわけである。

私の見解では、民俗学者たちが深刻に考えるほど葬法に拘っていたとは思われない。たしかに養家の祖法を立てるべしとする態度は終始柳田につきまとってはなれなかったと思う。とくに祖先祭祀については、祖風を是とする態度を貫き通したといわれる。青年のころ養家に入って第一にこころみた義務の一つは、寛文年間まで下野の烏山にあった先祖の墳墓を探査発見することであった。何故に探墓にそれほどの情熱を傾けたかといえば、養家に対する責任感であり、養子の尽くすべき道義感であった。祖墳を発見したときの充ち足りた感慨を、彼の日記は十分に述べ尽くしている（「柳田採訪」『定本』別巻四。この点については、本書II・四の『先祖の話』一八六～九ページ、参照）。

最後の学問的課題

柳田が死のさいごまで持ち続けた学問的課題は何であったのだろうか。ひとによりそれぞれの見方からいろいろの点をあげるであろうが、私は、霊魂とは何か、死後人間の魂の行くところはどこであったのか、つまり霊魂観、他界観の問題であったと思う。

もちろん、この課題は、敗戦直後に発刊された『先祖の話』によって解決されたといってよいかも知れない。けれども、それ以後でも、この点に関する論考は次々とものされ、死のさいごまでその追究は続いてとどまるところがなかった。晩年にしばしば試みた講演の題目にも、「日本人のあの世」「日本人とあの世」「わらべ墓を通してみた日本人の霊魂観」など頻りに〈霊魂〉のタイトルが採用されているところをみると、それが畢世の学問的課題であったことを疑うものはあるまい。

柳田の霊魂観についてはは以前に触れるところがあったので（拙稿「柳田國男の祖先観」『霊魂観の系譜』筑摩書房、昭和五十二年、のち講談社学術文庫、所収）、再び繰り返す無駄を省きたいと思う。ただし民俗学の研鑽によって構築された日本民族の霊魂観や他界観が、彼によってどのように認知されたのか、理解の内容を知ることは容易であろう。しかし柳田自身のそれが何であったのか、これを探求することはまことにむずかしい。つまり人間の具体的な死生観は、単なる学問的な知的作業で得られた成果と必ずしも同一ではないからである。それは、あくまでも個人の信仰にかかわる内容をもつ。とすると、柳田みずからが霊魂やその行く方をどのように観ていたか、その霊魂信仰をえぐり出すことは、いったい可能であるだろうか。

筆者がどうしてこの問題に執拗に迫ろうとするかというと、生涯にわたって日本人のカミ観念や生死観・他界観を民俗学的に追跡しようと決意するにあたり、深く柳田の影響をうけているからである。

その基礎的教養は民俗学研究所時代に培われたけれど、そこで教えられた内容が筆者の心を捉えて放さなかったことによる。当時国学院大学の大学院教授の肩書をもつ柳田は、自邸で毎週一回午前中、大学院の特殊講義を行った。その際研究所員であった筆者にも聴講してよいとの許可がおりた。そのときの講義内容は多岐にわたって展開されたけれども、中心は日本人のカミと霊魂の問題に終始した。神道学や教説神道によらないで、日本人本来の信仰を明らかにしようとする学問的情熱がほとばしり、意気軒昂たるものがあった。おそらく神道民俗学の樹立を期し、新国学の構築に執心していたものと思われる。

その際の講義ノートは相当の分量となっている。これが公表されたら、柳田学の検討や柳田國男研究に大きく貢献するのではないだろうか。それはともかくとして、講筵に列したものから発する質問に対する応答のふしぶしに、柳田自身のもっていた信念のはしはしが吐露されるときがあった。それらの幾つかを思い起こして考えてみると、たとえば、生まれ替わりの民俗的事実が単なる伝承として存在するのではなくて生理学的に証明できるとする。あるいは日本人の祖先祭祀にみる祖霊観がただ観念として認知されるだけでなく、それが強く子孫を規制するのは、民族の精神的原質として消滅せずに永続し、不抜の信仰（民間信仰）となって定着しているのだと考える。

晩年になればなるほど、余生の短さが痛感され、人生の切迫感がことさらに募ってくる。あれもしたい、これも片附けておかねばという思いに明け暮れていたであろう。せっかく提唱した民俗学の進み方が必ずしも芳しくない。弟子たちは一体何をぐずぐずしているのか。その腑甲斐なさを感ずるのあまり、八六歳になった五月三十日には千葉市の教育会館で「日本民俗学の頽廃をを悲しむ」と題し、まことにショッキングな講演をしている（定本別巻五、年譜、参照）。いったんはバトンを渡したものの、必ずしも順調に進んでいない民俗学界の在り方に、このままでは安心して他界できない、そういう憂いを抱いていたに違いないのである。

現世に対するもろもろの気遣いは、老後の誰でもが抱く憂悶といえるものである。柳田もまた一般論の埒外に安住することができなかった。とはいえ生涯におよぶ民俗学の研鑽は、日本人の他界観の在り方を明白化するのに成功し、それを自身の信念にまで定着させることによって、不動の境地へ到達したと判断できないであろうか。すでに『先祖の話』で学問的には解決し認識できていた事柄である。「日本人の死後の観念、即ち霊は永久にこの国土のうちに留まつて、さう遠方へは行つてしまはないといふ信仰が、恐らく世の始めから、少なくとも今日まで、可なり根強くまだ持ち続けられて居るといふこと」「死してもこの国の中に、霊は留まつて遠くへは行かぬ」こと、「顕幽二界の交流が繁く、単に春秋の定期の祭だけで無しに……招き招かるゝこと」が容易に行われたこと、「今はの時の念願が、死後には必ず達成すると思つて居たこと」、だから死後も「再び三たび生れ代つて」子孫との交流が可能とみたのである（『先祖の話』定本一〇）。この心境に到達しさえすれば、多くの憂慮《ゾルゲ》はことごとく解消しよう。すべてが安心の域に達しえよう。

柳田は生前、この信念を生かしうる地に墓所を定めたいと念願し、多摩丘陵の各地を探し求めたという。そして結局、川崎市生田の春秋苑にきめた。そこは周辺を一望のもとに俯瞰できる地勢にある。需《もと》められれば直ちに翔《と》んできて遺族や弟子たち知友に見《まみ》えることができる絶好の位置である。果たして自分の民俗学的結論が信念として誤りなきものであったかどうか。柳田の霊魂は、墓地を訪れる人びとに対し何といって解き明かしてくれるだろうか。

Ⅱ 柳田民俗学の理解と方法

図6　柳田國男記念伊那民俗学研究所（長野県飯田市）

一　柳田民俗学の批判と継承

創世紀を追ったロマン

近代日本の思想家のなかで、巨峰のごとき地位を占める柳田國男がさいごに到達した学問的体系は、その最晩年の著述『海上の道』に遺憾なく吐露されている。そのように説く人の数は少なくない。たしかにこの説には一理がある。青年のころ、愛知県の伊良湖岬に病を養い、海辺に流れついた椰子の実を拾って日本文化発生の原郷と伝流の神秘を明かそうと一念発起した。あのロマンチシズムが学問への情熱となって燃焼し、終生を貫いて稲の伝来を追い求め宝貝の流路を検証することになった。谷川健一の表現をかりるならば、まさに「創世紀の縮小日本版」(『論争』一九六二)ともいえるこの一大ロマンは、狭い一国民俗学の閾域を超えて広い視野の人類学的発想へと踏み出した、柳田学の新展開を示すものであった。それが、生涯にわたり念頭をはなれなかった彼の学問の大きな目標であったことは明らかである。

柳田の民俗学が、このように広大無辺な人類学の大海へ流れこむ運命を担った川であったのか。あるいは日本の国土と住民の上に築かれたジャパノロジーと世界的視野に立つアンソロポロジーとの橋渡しを果たしたのか。そうした点の学史的評価はなお若干の時日をおく必要がある。それは、最近とみにたかまった柳田ブームの波が収まり、柳田学批判の討論が十分に煮詰められたのちに、はじめて可能となろう。あるいは彪大な彼の全著作が世界各国のことばに翻訳されてくまなく紹介されるという前提を踏まえなくてはならないかも知れない。

しかし、それとならんで忘れてならないのは、彼が一生をかけて念願し、かつ絶えず模索懊悩しながら追いもとめたにも拘わらず、ついに完成をみるにいたらなかった日本民俗学の論理的体系化の問題である。人類学者、石田英一郎の言をかりれば、それはけっきょく「未完成」に終ったけれども、いかなるものよりも遥かに偉大な未完成品となった（Japan Quarterly' 1963）柳田民俗学の全貌を理解し、再認識しなければならない現実がある。日本民俗学の学的体系は、どのようにして可能なのか。どうしたら万人の納得をえる民俗学の総論を樹立することができるのか。そして、その方法論的根拠はどうして客観性をもちうるのであろうか。日本民俗学の開祖とうたわれ、自らもまた新しい学問を完成しなければならないと気負い立つ柳田に、大きくのしかかってはなれない課題であった。柳田は彼が発意し、多少学問的労作を犠牲にしてまでも、その創設と完成につとめた民俗学研究所で、この頑強な壁に突きあたり容易に超ええない問題のために苦悩していた。その姿を、当時研究所の一員として直接柳田に師事を仰いだ筆者は、いまでも目のあたりに思い浮かべることができる。

太平洋戦争終結の日の翌日、柳田は「いよいよ働かねばならぬ世になりぬ」といい、民俗学の出番のきたことを示唆している（『炭焼日記』）。この決意は、そのうち実に多方面にわたる活躍を通して発揮されたけれども、その活動の中核に据えられたのは、日本民俗学の体系化であった。

「偉大なる未完成」の死

たしかにその素志は研究所の創設にも現われ学会の組織化にも顕著にみられた。しかし中心となったのは、なんとしても「民俗学総論」（柳田は概論とか入門という語を避けた）を完成したいという目標であった。柳田は毎月私邸で開いた学会の談話会で、また研究所の月例研究発表会において、陣頭にたって民俗学の進歩に全力を尽くしたが、そのつど、門弟たちに対し民俗学総論編修の必要と重要性とを力説した。そして自分もそのための稿案を練り筆を執っていることを宣言し、参加者に対してもそれを試みることの必要性と完成への努力と勇気とをもつよう強く要請したのである。

こうした柳田の意思が学界の空気を刺戟し、彼の激励にこたえる形で弟子たちの論文が、しばらく日本民俗学会の機関誌を賑わすことになった。たとえば、「民俗学の方法について」「民俗学方法の問題」「民間伝承の地域性」「民俗の主体性」「民俗の時代性と現代性」「民間伝承の概念と民俗学の性格」「民俗学の範囲」「民俗における世界性と民族性の交錯」などの論題がひしめきあった。これらをみると、おもに民俗学の方法論が熱っぽく論議されたことがわかる。柳田は、これを契機にして民俗学の体系化が実を結ぶであろうと期待したけれども、彼の要望にこたえて民俗学総論を実際に刊行し、その体系を示したものはごく限られた数で終わってしまった。これに失望した柳田は、民俗学の不毛を慨き、自らの意思で創設した研究所が本来の目的にそわない方向に走って行くのを潔しとせず、ついにこれを閉鎖解散するという断を下すにいたった。爾来柳田はもっぱら書斎へこもって著述に専念することになり、学会に対しても積極的な意見を述べることはなく、あれほどの情熱をみせた民俗学体系化への志向は、再び燃焼することなく終わってしまったわけである。

柳田民俗学の方法的拠点に据えられた重出立証法と習俗周圏論とは、その後大きな進展を示すことはなかったものとみてよかろう。柳田に依りかかり、彼の主導性によって進められてきた日本民俗学が、「偉大なる未完成」の死によって、大きく停滞したこと、少なくとも足踏みの状態にとどまりほとんど進展を示さなかったことだけは否定しえない事実である。

民俗学の危機的状況

しかし心ある人びとは、筆者のこの断定に対し速断誤謬の非難を寄せるであろう。なぜなら柳田死後の民俗学界はまことに活気に充ちている。それが証拠に、中央といい地方といい、民俗学と名のつく組織の成立は夥しく、それがことごとく機関誌をもち研究集会を行っている。多くの同好者が日本列島の各地へ民俗採集に出かけ、それらの調査報告書は、雨後の筍のごとく簇生し枚挙に煩をおぼえるほどである。日本民俗学会の年会には研究発表を希望する会員が多く、これを捌《さば》くのに困惑するほどの盛況である。会員の数も月ごとに年ごとにふえている。これをもってして、なおも民俗学の貧困を云々するのはおかしいではないか、そういう反論の出て来ることは必定であろう。

たしかに表面に現われた状況から眺めると、筆者の断定は事実にもとるように思われる。しかし、学界の内面にはいって実体にふれたとき、筆者の言が決して杞憂でないことはすぐに判明する。いったい特定の小地域へ出向き、古老から伝統生活の断片的事実を聞きとって記述しただけで、それが民俗学といえるであろうか。地域社会の常民の生活実態から採集した伝承資料は、どうして民俗学を構成する資料たりうるのであろうか。その民俗学的資料といえる根拠はどこにあるのだろうか。総じて民俗学によってわれわれは何を明らかにしようとしているのか。こうした民俗学の本質に関する問題に何ひとつとして答えようとしない余りにも多くの民俗学会の成立や民俗学書の氾濫は、決して民俗学の進歩といえるものではなく、むしろそれを歪曲し冒瀆してさえいる。

極限すれば、今日はまさに民俗学の危機的状況にある。そこではこの学問を研鑽することの意味が少しも問われず、ただ好事家的に動くだけである。金があり余って使い道を知らない人びとが、衝動的に観光旅行をこころみるように、ただ徒らに辺境や孤島を訪れて物欲しそうにあさり歩く。あの姿に似ている。われわれは今こそ原点に立って、民俗学の在り方を徹底的に問いつめてみなければならない。そのためには柳田が創設したこの学問の原点にたち還り、科学的方法論を追究することから再出発しなければならない。具体的には、独創的な立証法を確立した昭和一〇年前後の画期的労作『民間伝承論』『郷土生活の研究法』『国史と民俗学』を徹底的に検討し、犀利《さいり》な批判をこころみることからスタートすべきであろう。民俗学の学問的前進はそれによるほかはないのである。つまるところ柳田学の本領を問いつめて正しく理解し、その上に立って新展開を目ざすことであろう。

二　郷土における民俗像の復原

――歴史民俗学の構想――

1　問題の提起――歴史研究と民俗学――

戦後に澎湃《ほうはい》として起こった地域研究の提唱は、歴史の学界に「地方史」のジャンルを樹立し、教育界に「社会科」を新設する機運をつくった。この二つはいずれも、その後の時代の情勢に左右され、幾多の批判を浴びたので、当初のままの姿で今日、われわれの眼前にあるわけではない。しかしながら、大きな影響をあたえた点については何人もこれを否定できないであろう。社会科教育はしばらくおくとして、地方史研究の興隆進歩はまことに目覚ましいものがあって、後世の史家は、日本史学史の少なくとも数頁を費して必ずこの現象を記述するにちがいない。それほどに特筆大書すべき事柄である。そして、この風潮が、これまで歴史の学界で十分に発言する場を与えられず、いわば日陰の地位におかれた民俗学にも、燦々《さんさん》たる陽光を分かち向けるという起因をつくった。歴史研究に民俗学の成果と方法とを採用しなければならないとする主張は、地方史だけでなく歴史学においてさえ行われ、もはや民俗学はアカデミズム歴史学にたいしてすら肩身の狭い思いをする必要はなくなった。かつて柳田国男が拳《こぶし》を振るって力説した『国史と民俗学』(1)(六人社、昭和十九年、定本、二四)の相互補完は自明の理となり、民俗学はようやく学界の市民権をえるにいたったのである。

民衆の暮らしと世相とを明らかにして、そこから歴史の転回を視ようとした柳田は、「何とかして民俗学の方法を(歴史に)結びつけたいと思って、色々と世話を焼き、又時々は批評がましいことも言って」きた、と前著の初版自序で述べている。けれども実状は、希望とは程遠く、「歴史は文字で書いたものに依る他、知ることの出来ぬ知識だと思ひ込み、又さういふ定義を掲げて居る人も幾らも有るやうだ」(定本二四、一四ページ)となげき、民間伝承の価値をみとめない、頑迷な在来の専門家の啓蒙をこころみている。

その効果は徐々に実をむすんできた。ことに戦後の民主化にともない、以前の単なる政権交替史ではなくて社会史、産業経済史、生活文化史へと焦点がうつり、必然的に農工商などの生産民がクローズアップされ、その重心が庶民階層へとむけられてきた。そして民俗学の成果が大きく取りいれられることとなった。その動向に気をよくした柳田は、ますます民俗学の発展に力をそそぐとともに、「我邦の農民の歴史を、たゞ一揆嗷訴と風水虫害等の連続の如くしてしまったのは、遠慮なく言ふならば記録文書主義の罪である」(定本同上一八ページ)とまできめつけた強い姿勢を引っこめている。すなわち前著『国史と民俗学』の第二版(昭和二十三年五月発行)「自序」においてこの巻頭の一文（昭和十年七月発行『岩波講座日本歴史』十七所収の論文「国史と民俗学」をさす。筆者注）を世に公けにした頃には、歴史を経典のやうに解したがる人がまだ日本に多く、学問の方法は其制約を受けて、むしろ働き過ぎる者を嫌ふやうな傾きさへあつた。斯んなことをして居て果してよいのだらうかと内々の不安を抱く者がもう少しづゝ出来て居た時代である。さういふ人たちに力を附け、知識の閉鎖の悲しむべく、反動の更に気づかはしいものなることを、心づかせようとしたのが一つの目的であつて、単なる民俗学の立場の疏明としては、この本は聊か行き過ぎて居る。今ならこの様な強い言葉を以て、偏した専門家に喰つてかゝる必要などは無いのであつた。自分で読んで見てもこの高調子だけは少しばかり気になるのだが、さてもう一度書き直すといふ段になると、是だけ思ひ切つたことが又言へるかどうかはおぼつかない」（定本二四、五ページ。傍点筆者）。

と述べ、反省の意をしめしている。

2　地方史研究者の柳田民俗学批判

以上のように民俗学の日本史研究への接近は、一見まことに順調なスタートを切ったかのように思われた。けれども、それにもかかわらず、この両者——歴史学と民俗学——が文字通り相互補完の実績をあげて歴史研究の進歩を促してきたかというと、手放しでは喜ぶことの出来ない状態におかれていた。その実状や原因と理由については、著名な地方史研究者で信濃史学会会長の一志茂樹がその機関誌『信濃』の誌上で、主として日本の民俗学研究を批判する立場から事こまかに触れている。とくに昭和四十四年二月に行われた信濃史学会春季例会での特別講演「民俗学と地方史研究」(『信濃』二一—五、昭和四十五年、所収)は、この方面に重大関心を抱くわれわれの耳朶をそばだたしむるに足る提言であった。その要点は、たしかに民俗学は地方史研究をすすめる際に無視しえない重要な関連学問であって、多くの素材を提供する立場におかれてはいる。しかし、現在の民俗学研究が果たしてその要望にこたえうる機能をみたしているかというと、とうていそのようにはいえない。そうした腑甲斐ない民俗学の不振については多くの理由が考えられるけれども、およそ大きく以下の三点に絞ることができる(同上論文「二、民俗学不振の理由」参照)と述べている。

すなわち、一つは、戦前をふくめてこれまでの民俗学は、「柳田・折口両巨頭」に集約された民俗学であった。しかも、地方の民俗学研究家は、徒らに「両巨頭」に依存するだけで、せっかく調査して採集した資料も、それを自らの主体的な研究をすすめる材料にするのではなく、両氏に提供するか、せいぜい素材のまま雑誌に発表するかにすぎない。そこで「両巨頭」が亡くなると、だんだん下り坂になり、頽勢を挽回できない状況に陥ってしまった(同上、六〜八ページ)。

次に、第二の点は、民俗学では、学問の方向が科学的に打出されていないために、民俗学を志しているものに学問的魅力が感じられないことである。どうも民俗学者は、科学としての民俗学の樹立に努力を傾倒してきたとは思われない。研究の志向や論旨の進め方が恣意的で客観化が行われないから、その論文も随筆の域を出ないで終わっていると批判される（同上、八～一一ページ）。これは全く手痛い指摘で、筆者など斯学にたずさわるものとしては再三再四反省しなければならないと思っているところである。

最後に、第三の点は、郷土を捨象して民俗学が研究されているという批判である。一志によると、「柳田氏を中心とした民俗学研究のグループでは、郷土研究といふのは、民俗資料を採訪し、それに関した豊富な知識をもつことを意味してゐ」（同上、一二ページ）た。「あのひと（柳田）のいはれる郷土研究といふのは、要するに、民俗資料を採訪する。つまり民俗学の本質を明らかにするための基礎資料を集める」こと（「地方史研究の座」『信濃』二二―三、昭和四十五年、九ページ）であって、「いま、亡びやうとしてゐる民俗資料を集めて、それを学界に報告し、その上に一つの学問が組み立てられる。その基礎に立つて調査をし、報告する、それが郷土研究である。」（同上）と考えているとみる。もしも柳田の見解がその述べるごとくであるとすれば、この点に関する柳田の考えは、一志が提唱し標榜《ひょうぼう》する郷土研究とは喰いちがうこととなろう。すなわち「郷土のもつ伝説とか、歴史とか、その性格とか、風土の中に生きてきた人生とか、その中に存在してゐた民俗とかを研究すること」（『信濃』二二―五、一二ページ）を捨象してしまうことになる。つまり「個々の郷土自体を究明するといふことは問題にならな」（同上）い。このように柳田が郷土研究の目的を「郷土のもつてゐる性格とか、個性とか、あるひは郷土の実態とかを究めること」（『信濃』二二—三、八ページ）におかないのは、柳田が「これから生み出さうとする学問（民俗学—筆者注）のために、鬼になつてさういふことをおつしやられたのだと思ふのでありますが、一面、わたしどものいふ郷土研究を認めることのできなかつた狭量といひますか、その学問的立場を理解されなかつた一面があつた」（同上、一〇ページ）のだとさえ指摘している。

これらの提言は、単なる傍観者の無責任な批評などとは異なり、郷土を基礎とする地方史研究の樹立に六〇年の情熱をかけてきた老学徒の、肺腑からにじみ出た批判的証言である。わが国の歴史学者が頑なに文献至上主義を固守し、文献以外の資料を無視する態度を変えてこなかったのに対して、その当時からたえず苦々しい思い（『信濃』二一—五、二〇ページ）をいだき、とくに文献史料のみでは解けない歴史の空白を埋めるために民俗資料の果たす役割のきわめて大きいことを痛感し強調され、終始一貫して高踏的アカデミズムとの闘いをつづけられ、自らもまた地方史研究の必要上かなりの期間を民俗学に傾注されてきた碩学の言である。日本民俗学の成果をみとめその活用に深い意義を寄せられた郷土史家の発言であることを忘れてはならない。その一志の編著である信濃教育会北安曇部会編『北安曇郡郷土誌稿』第一〜八輯（郷土研究社、昭和五〜十二年）は、ことごとくが民俗学研究による業績であり、民俗学を重視する編集方針に早くから力点をおいていた事情を感じとることができる。また前掲の『信濃』二一—五（九〜一三ページ）、二二—三（九・一〇ページ）に見える自伝的回顧談や『信濃』誌上に毎号執筆の「編集後記」（のちに同著『歴史のこころ――日本史学界に対する苦言――』信濃史学会、昭和四十九年、に収録）には、民俗学に対する一志の傾倒ぶりが十分に反映している。われわれ民俗学の流れに連なるものとしては、虚心坦懐に、この忠告を受け止めねばならないのである。

以上、指摘の三点のうち、第一点の地方民俗研究者の在り方については、筆者もかつて些か触れたことがある。(2) 近代日本民俗学の創立者、柳田國男の存在はあまりにも偉大であったために、多くの研究者がみなそれに依りかかってしまったことの弊害である。地方研究者が柳田なり中央の学会へ資料を提供することのみに終始したとしても、それ自身に罪があったとはいわれない。のみならず、それが民俗学構築の土台となり柱となったのであれば、縁の下の力となっただけの意味はあった。けれども、柳田没後の門弟たちが、いたずらに師説を守り一種の護教的立場にこだわって少しも創造的前進をこころみず、亜流の域を脱しないまま停滞しているとすれば、これはゆゆしき問題である。しかも依然として一地域の断片的資料報告が民俗学であるなどと安易な考えで自己満足していたのでは、民俗学の衰退は火をみるよりも明らかだといえよう。日本民俗学は、その歴史が浅いこともあって、地方研究者のみならず、この学問に従うものの多くは、他の隣接科学から転進したものか、いわゆる何でも屋の好事家であった。歴史もやれば考古学もやる。地理学・人類学にも一家言をもっているかとみると、民俗芸能や言語学・宗教学・社会学にも意見をさしはさむという万能学者が多かった。ところが戦後は、民俗学も専門科学として独立性をもつにいたり、独自な方法論をもって他の関係科学との範囲を定めることが要求されてきた。とくに柳田が組織した「民間伝承の会」(日本民俗学会の前身、創立は昭和十年九月)が、学際的に新しく組織された九学会連合(創立当初は六学会)に仲間入りしたことが、かかる機運の醸成に大きく役立つにいたったわけである。

この「学会連合」は、専門化がすすみ孤立化された人類科学の総合化をはかり相互の脈絡を密にしようとの目的のもとに、日本人類学会・日本社会学会・日本考古学協会・日本言語学会・日本民族学協会と、民間伝承の会の合わせて六学会から出発した。そして第一回の聯合大会を開催したのが昭和二十二年六月七・八日であった。この「学会連合」はその後、連年共同課題を設けて加盟学会による研究発表と共同討議を重ね、また共同調査団を組んで、対馬・能登・奄美・佐渡・下北(青森県)・利根川・奄美・沖縄などの地域調査を実施してきた。この他流試合が個別学問を大きく刺戟した。これに加盟した民間伝承の会は、周辺諸科学との接触と交流とによって飛躍進展をしめした。それはややアマチュア的語感をもつ民間伝承の会名を改めて日本民俗学会と名のるにいたった経緯からもうかがうことができる。ただし歴史学の加盟がみられなかったことは、歴史民俗学と地方史研究との融合をはかる上に大きなマイナスとなった。しかし何れにしても民俗学に関する一般的通念は低次元にとどまり、そこから抜け出しえない状況におかれた。したがって民俗学などは、歴史地理や説話文学を学んだものなら片手間で処理することができると軽く考える郷土研究者が少なくなかった。そういう考えの会員の多くは、この段階ではたと当惑し、戸惑いからやがて情熱を喪失し、ついに学界からも姿を消し脱落してしまった。この点が地方における民俗研究を衰退させた一原因であり、また、強い世間の要望にもかかわらず、日本民俗学界がそれに応える進展をみせなかった一つの理由となっている。

しかし、もっとも問題となるのは第二と第三の点であろう。すなわち一志の述べるがごとく、民俗学は全体に科学性を欠き、その方法論に論理的一貫性が存在しないということが事実だとすれば、もはや民俗学は学問の名に値しないことになる。この批判はまことに致命的であるけれども、そういう論評は必ずしも少数意見ではない。しかも柳田に学び民俗学の重要性を自認する側からも反省が出ていることは注意しなければならないであろう。そのすべてにふれることはできないので、若干を列挙すれば、柳田に私淑した社会学の有賀喜左衛門は「民俗資料の意味――調査資料論――」(『金田一博士古稀記念　言語・民俗論叢』三省堂、昭和二十八年、所収)において、民俗学は各地の民間伝承をみつめる単なる資料論にすぎなく、一個の独立科学とは言えないと論じ、また柳田を師と仰ぐ文化人類学の石田英一郎は、「歴史科学としての民俗学と民族学」(『人文』二―一、昭和二十三年)および「日本民俗学の将来――とくに人類学との関係について――」(『日本民俗学』二―四、昭和三十年、いずれものちに同全集に所収)なる論考のなかで、民俗学を広義の歴史学とみる柳田説に反対し、むしろ人類学として位置づけるべしと説いている。そのほか門弟の和歌森太郎(「民俗資料の歴史学的意味」東京教育大学文学部紀要『史学研究』四一、昭和三十八年、のちに同著『歴史研究と民俗学』弘文堂、昭和四十四年、所収)、千葉徳爾(「民間周圏論の展開」『日本民俗学会報』九、昭和三十四年、「山の神信仰の一考察――ヲコゼ資料と重出立証法――」『日本民俗学会報』六五、昭和四十四年など）ら民俗学会の中枢にあった民俗学者がとくに方法論をめぐって異を唱えている。だが、近時は特に関心をこの点に志向し、幾多の弱点を克服して理論的構築を試みる民俗学者が出てきたし、地味な努力が続けられているので、その成果に期待したいと思う。(3)

ところが一志のもう一つの論点、つまり第三点で民俗学が郷土を捨象して研究されているという指摘は、本稿の主題《テーマ》である郷土研究と民俗学の関連を考える場合に、もっともシリアスな問題として、われわれに迫ってくる。

すなわち郷土の個性的特質を明白にするために個々の郷土自体を分析研究しなければならない、それが郷土学であり郷土研究だとする一志は、柳田や折口が、その土地ごとの伝説・歴史・風土・社会生活に即して行うべき研究立場を否定し、「個々の民俗のもつてゐる本質の究明」（『信濃』二一―五、一四ページ）に主眼をおき、そのために必要とする資料を集める作業が郷土研究だとする民俗学者の考え方に真向から反対する。たしかに柳田の所論の多くは、日本民俗の特質、日本常民文化の本質や生活の典型的特徴を追究することが多く、それを確証するために一定の座標軸を設定し、広く全国的な規模から民俗資料を採集して立論する方法を力説している。そのために、より深く口承文芸や方言、民俗語彙など伝播・移動性の強い文化要素に注目し、民俗の類型的把握に力点をおく立場をつらぬいてきた。したがって、個々の地域社会そのものを機能的に分析解明する作業はあまり多くない。この点は十分に考えておかねばならない点である。しかしながら柳田の個別郷土のモノグラフィ研究は、多い数ではないけれども皆無とはいえないのであって、多くの民俗語彙集をまとめ上げる大事業の過程において、地域社会の詳細丹念な民俗生活を調査記述する「民俗誌」の編集にも力を注がれ、自らも幾つかの民俗誌を編述して、その範例を示している。柳田が自ら主唱して民俗誌の編集をすすめたことは、財団法人民俗学研究所の業績に明らかである。自らもまた『北小浦民俗誌』(『全国民俗誌叢書』三省堂、昭和二十四年)を著わしている。とくに、その晩年に指導した全国離島民俗調査では、『山村生活の研究』『漁村生活の研究』とは面目を一新する地域研究を要求した。その成果は没後に日本民俗学会編『離島生活の研究』(集英社、昭和四十一年)として実っている。あの程度では十分でない、不満足だといわれれば、それまでであるけれども、一志が強く提唱する「民俗誌学」(『信濃』二二—五、一五ページ)への志向は、決して無視されてはいなかったのである。

しかし、それにしても柳田民俗学の傾向は、多くの批判が寄せられているように、堕ちこむ陥穽をそれ自身にはらんでいる。たしかに地域調査、郷土研究は施行するけれども、どちらかというと、必要とする資料・素材を地域社会全体の生きた力動的生活実態から抽き抜いてきて、それを立論の俎《まないた》の上にのせる。したがって、そのために利用する素材や資料の多くは、ずたずたに切断されて、ことごとくが生命を失った骸《むくろ》に化してしまう。死滅した断片的材料をいかに苦心して操作構成したところで、もはや旧のままの生きた生命態にもどすことはできない。生命に無縁な死んだ結論では、それがどんなに精巧に組み立てられていたとしても、すでに生きた民俗学の成果とはいえない。まして躍動する時代の推移や社会の発展とふれあう歴史研究の舞台で、まにあうはずはないのである。望まれる歴史学との補完などは全く思いもよらないことだといわれなければならない。

民俗学が本来そういう性格をもち、上述の弱点を露呈しているとするならば、もはや、これ以上何もいうところはない。けれども、一志もしばしば述べるように、また歴史研究に民俗学の有効性をみとめる古島敏雄（『民俗学と歴史学』『歴史学研究』一四二、昭和二十四年）、黒田俊雄（「文化史の方法について」『歴史学研究』一八三、昭和三十年）、（同「書評、櫻井徳太郎『講集団成立過程の研究』」『歴史学研究』二七八、昭和三十八年）、和歌森太郎（「地方史研究の方法論について」『地方史研究』六―六、昭和四十一年）らの史学者が強調するように、民俗学が歴史研究とくに地方史研究や郷土研究において必要欠くべからざる領域の一つであるとするならば、どうしたら如上の弱点を克服することができるだろうか。また、どのようにして郷土研究や地域調査に寄与することができるだろうか。その点を真剣に考慮しなければならない。そして、その際に構想されるのが歴史民俗学の方法と立場ではないかと考える。この点に関する筆者の見解を述べるにあたり、以下に具体的な例を示しながら、その可能性をさぐってみたいと思う。

3　伝承母体の確定――重出立証法批判――

柳田は、民俗学は歴史の研究にどのような貢献ができるのか、その根拠をあげて必要性を強調した論集『国史と民俗学』のなかで、何故に民俗学が国史研究のささえになるかを繰り返し述べている。そしてこの主張の妥当性を明らかにするためには、両者の補完を可能としている原拠、方法を探求しなければならないことを力説する。すなわち、

歴史は本来誰でも知る限り、毎一回の出来事を精確にする為に、教へ又学ぶを目的として世に生れた。其真実は書伝に誤謬が無く、筆執る者の心が正しい限り、なほ万年も永続することであらう。たゞ一たびその指定の区域を出でて、曾て企てられなかつた周囲の空気、乃至は時代の趨向を詳かにしようとすれば、如何なる緻密の文書学も、往々にして蹉跌を免れないことは、なほ石斧の一片にコロボックルの昔を談らしめる様なものである。当代史学の峻厳主義が、個々の史料の素性を究追して、書字を重んじ、耳を経又は噂を通つて来たものを危ぶむのは、一つの目的の為には安全なる用意と言つてよいが、もしも一方の証拠力の余りを、第二の道即ち書いても無いことの上にも及ぼさうといふ下心ならば、冒険は却つて我々のものより大きい。(4)

と、せまい文献史学が正当な守備範囲内でどんなに緻密な分析解明を行おうと、それにたいして異を唱えるわけではない。それはそれとして重要である。けれどもそれを逸脱して、領域を踏み越え、専門外で発言することになると、たちまちのうちにその弱点欠陥が露呈し、いきおい蹉跌せざるをえなくなる。このような文献史学の限界面があるからこそ、そこに民俗学が活躍する舞台が開かれてくるのである。たとえば次のようなケースはどうしても文献単独で立証することができない分析である。

だから、いきおい民俗学的手法によって究明する手段に訴えなければならないことになる。

今日も六（ママ）つかしい問題となつてゐる婚姻の制度などは、往古の記録としては上流の儀式しか残つて居らず、たま〳〵中世以降の文学の間に、散見して居る叙述を集拾しても、なほその今日に至つた過程ははつきりしない。しかも人が社会をなす以上は一度は経歴した重要印象なるが故に、現在の統一傾向の中に於ても、なほ各地の残留古風を竝べて見ることに依つて、以前の状態がわかり、それが亦意外に遠くまで遡れるのである。埋葬の風習については、只古墳が遺物として存し、又若干の上流記録がある。是によつてもし万人この通りであつたといふ歴史を書くならば、書く人自らが信じ得ないものが出来るだらう。しかも今日は幽かながらも、あらゆる屍体処理の方法がまだ伝はつて居る。即ち曾ては或年月の後に全く跡を留めなくなつた葬法が大衆の間に行はれ、それが最近になつてこちたき石塔制度に改まつたのである。(5)

したがって、たとえば絵巻物の多くを展覧し、そのなかから堂上貴族の火灯し台などの類をいくらあつめてみても、日本灯火史というような著述を成功させることはできない。なぜかといえば、そこには今でも山村につたわる松焚きの石皿が見落され、囲炉裏の火だけで顔を見あっていた時代の生活が忘れられているからである。

このように文献で明らかになしえない空隙を、民俗的資料が埋めるとしても、それはどのようにして可能なのだろうか。たしかに民俗資料のなかには文献には示されていない古い時代の生活資料や社会慣行が明らかに残っている。しかしながら仮りに古いことが推量されたとしても、われわれが見聞しているのは現時点での生活事実である。現在の生活事実から、どのような方法で、あるいはまたいかなる論理的可能性をもってそれらの事実の古い成立時代を認定することができるだろうか。この時代確定をなしうるか否かに、歴史研究における民俗資料の有効性が問われるのである。これに対し柳田は、注(5)の引用文の直前で以下のごとく述べている。

我々が知りたがつて居る歴史には一回性は無い。過去民衆の生活は集合的の現象であり、之を改めるのも群の力によつて居る。それをたゞ一つの正しい証拠によつて、無闇に代表させられては心もとなくて仕方が無い。斯んな問題こそは実例を重ねて見なければならぬ。古く伝へた記録が無ければ、現に残つて居る事実の中を探さなければならぬ。さうして沢山の痕跡を比較して、変遷の道筋を辿るやうな方法を設定すべきである。

これが柳田民俗学の方法的原点である。すなわち重出立証法といわれる方法論である。そして柳田が考案したこの方法論に共鳴し、また、それに基づいて、柳田自身はいうまでもなく、そのエピゴーネンの間からも幾多の業績が生まれてきたことは、あえて触れるまでもないところである。

しかし柳田自身は「重出立証」という名辞を術語として使用したことがない。民俗学理論ではもっとも体系化した著述と賞される『民間伝承論』(共立社、昭和九年八月二五日発行)の第三章「書契以前」五「我々の方法」のなかで、「史学を学ぶ者の道の誇り、外部で其律義さを誉めそやし傾聴しようとした理由は史料を容易に許さないリゴリズム（厳正主義）であつた。（中略）私たちの謂ふ重出立証法は、至つて安全に今までの厳正主義に代ることが出来るのである。（中略）我々の重出立証法は即ち重ね撮り写真の方法にも等しいものである。此方法の強味を知つて居る我々は、書物はもとより重要なる資料の提供者と認めるが、決して是を至上最適の資料とは認めないのである。実地に観察し、採集した資料こそ最も尊ぶべきであつて、書物は之に比べると小さな傍証にしか役立たぬものである。」（七五・七六ページ、傍点筆者）とあって、同書の述べるところに関する限り、「重出立証法」は柳田の造語であるかのように思われる。

けれども同書の「巻末小記」によると、「本書は柳田先生の著書ではあるが、先生が親ら筆を執つてお書きになつたものではなく、愚生（後藤興善）が記述の嘱を受けて、先生の御講義を聴き、それを筆録したものを土台として、出来るだけ先生の御著書を渉猟してまとめ上げたものである」という付記がある。そこで「第二章以下は自筆にあらざる故」に『定本』では直筆の第一章のみを収載し、他は省略してしまった（定本二五、あとがき、参照）。したがって、「重出立証法」の語が出てくる第三章は柳田の自筆部分でない。柳田が果たして、この語を自ら使用したかどうかは確かめようがない。あるいは筆録者後藤興善の造語であるかも知れないが不明である。いまとなっては確定することができないというのが実情のようである。しかしながら、その後の門弟たちは頻りに重出実証法とか重出立証の名辞を用いている。だから、それは賢い門弟たちが造った新語であることに間違いなかろう。

しかしいずれにせよ、柳田民俗学の方法論的原点が重出立証を大きな支柱においていることは何人も否定できない。たとえば柳田が民俗学の理論を述べたもう一つの著書『郷土生活の研究法』(6)のなかで、

文化は継承して居るので、今ある文化の中に前代の生活が含まれて居るのである。文字に書いて残したものと比べて、史料としての価値がどれだけ違ふだらうか。仮に一方は判を押した証文であり、他の一方は単なる形跡だけだから、同じに取扱ふことは出来ぬとした所がもしも書いたものが何一つ残つて居らぬとすれば、第二の手段としてはこちらに拠るの他は無いのである。其上に書いた証拠といふものは精確だと言つても、通例は一回限りの出来事を伝へて居るに反して、此方は今日何百千人といふものが、時によると一日に三回も五回も、又は同じ季節にそこでも爰でも、くり返して見せてくれる現実の行為である。それを寄せ集め重ね合せて見れば、存在はずつと確かになる。斯ういふものを残された証拠として考へて行けば、行く〳〵は無記録地域の無記録住民の為にも、新たなる歴史が見出して来るといふこと、是が私たちの是非とも世に広めたいと思つて居る郷土研究の新たなる希望である。(定本二五、二六七・二六八ページ、傍点、筆者)

と記している。数多く何回も繰り返される生活事実、しかも数多くの常民に共通する生活事実、その「実例を重ねて見」「寄せ集め重ね合せて見」ることが、無記録地域の無記録住民の歴史、つまり郷土の歴史を構成する上で重要な方法手段になる。その手続きを初めて発見し、理論化し実行に移した柳

田の方法論を重出立証法と名づけるのは決して不当ではない。しかし、そのことと柳田の主張が全く普遍妥当な方法であるということとは同じとは言えない。柳田の方法が郷土研究をすすめる上に大きく貢献したことは否定できないけれども、その方法的立場に弱点ないし欠陥が全くないとは断言できないのである。この点に関し外部からも多くの評価がよせられ、また、日本民俗学会の機関誌『日本民俗学会会報』が、その六〇号（昭和四十四年三月発行）に「特集　民俗学の方法」を企画して幾多の討論を展開しているように、同じ学会の内部からも反省的批判が起こっている。柳田民俗学のこの方法的立場に寄せる批判をことごとく述べるわけにはゆかないので、その代表的意見のうち学界の外と内とでもっとも尖鋭と目される次の二つの所見を紹介するとともに、直接本題に関係する郷土研究にかぎって、以下その可能性を打診してみよう。

家永三郎の立場

民俗学界の外にあって鋭い批判を寄せる歴史学者の家永三郎は、その評論「柳田史学論」（同『現代史学批判』和光社、昭和二十八年、のち修正加筆して同『日本の近代史学』日本評論新社、昭和三十二年に再録）のなかで、「若し柳田史学が進んで既成史学と史学大系の王座を争はうとするが如き態度に出づるあらば、吾人は断乎として之を阻止するの挙に出づるのやむなきを宣言しなければならない」（『現代史学批判』一〇三ページ）とさけばれ、強い対峙的姿勢で戦闘を挑んでいる。しかし柳田には、家永の言われるようにアカデミズム史学の中核に跳び込んで躍りあがって、それと王座を争うなどの野心などは些かも持ち合わせていなかったのである。したがって、家永の評言には、やや神経質に過ぎる被害意識が強調されているように思われてならない。柳田は歴史研究に民俗学を利用することの必要性は説かれたけれども、誰がその王座に就くかなどについて、彼自身関心を抱いたことは一度もない。まして史学会の会長を望むなどしてアカデミズムの帰趨をきめる頂点に立とうと思ったことが果たしてあったであろうか。文献を主とする既成史学だけでは片輪であるから、民俗資料をとり入れて民俗学的方法で処理することにより完璧な歴史世界を復元したいと念願し、あるいはその可能性を信じていたのみである。したがって柳田の本意を十分に汲みとれば、家永の挑戦的所論はもっと違った表現をとって出てきたはずである。たしかに「文献を主要資料として物質的遺物を副資料とする史学のみが史学の中心位に座すべき」（同上、一〇三・一〇四ページ）ものと考える立場を固執するかぎり、「民俗資料を主要史料とする」立場は、単なる史学の補足者にすぎないことになろう。しかし問題は、誰がその中心位に座するかにあるのではなくて、正しい歴史世界を解明すること、偽りなき歴史像の復元こそが目的であるから、妥当な方法によってもたらされた資料、活用することを保証された資料は、その立場が何であろうと、そういう点を顧慮することなく利用することが好ましい。だから補足的資料であるものが歴史世界の復元に必要な役割を果たす場合もありうるし、文献史料もさしたる重要性がなく何の変哲もない資料でしかないときは、それほどの発言力はなかろうし、当然利用度は低くなる。

要するに、活用しうるか否か、それを判断評価する立場がもっとも重要であるというべきであろう。けれども家永による次の指摘は、もっとも重大な関心をもって受けとめなければならない。すなわち「史学の対象は歴史的発展であつた。歴史的発展とは人間世界の実年代的展望を云ふのであつて、人間世界の様式的類型の序列を意味しない」（同上、一〇五ページ）という点である。これは明らかに重出立証法の方法的妥当性を疑問とする立場からの発言であり、それを否定する立場での反論であると思う。多数の範例から幾多の類型を抽出する。次にそれを積み重ね比べることによって先後関係が明らかとなり必然的に歴史的変遷がわかるとする柳田理論の否定である。もしも重出立証論が完全に拒否され抹殺されれば、民俗学による歴史学への寄与は論理的に否定されることとなろう。民俗資料の時代性が確定されないで、どうしてそれが歴史時代を復元する史料になりうるであろうか。まことにゆゆしき問題である。

家永のこの反論に対し柳田門下の民俗学者はどのように対応したであろうか。筆者の知るかぎり表面に出て論陣を張ったものは現われなかった。いきり立つものもあったけれど柳田はそれを抑えられたのである。筆者は、この件に関連して、のちに昭和三十一年十月十三日の第八回日本民俗学会年会のシンポジウム「民俗学の限界」において、発題者の一人としてその見解を発表した（拙稿「民俗学の限界について――日本史研究との関連――」『日本民俗学』四―一、昭和三十二年）。その論旨は必ずしも直接家永論に立ち向っているわけではない。しかし、歴史学と民俗学を互いにつながる領域の開拓に寄与する必要性を説き、その方法的根拠を示している。その伏線の上に立って本論の展開がすすんでゆく手順である。その前に注目を浴びる新進の民俗学者、福田アジオの批判を取りあげておきたいと思う。

福田アジオの批判

国立歴史民俗博物館の民俗部門教授、福田アジオ（現、神奈川大学教授）は、かつて東京教育大学大学院へ提出した修士論文「近世的〈小農〉村落の展開と系譜的家連合」[7]において、柳田民俗学の方法が史学の方法論として成り立つか否かを検討している。当該論文の審査を担当した筆者は、その鋭利な論究に感銘した。その発想は家永の批判と同様に、民俗学が唯一の方法的立脚点とする重出立証法が、はたして歴史学の方法として成り立つ妥当性があるかどうかについて、従来の所説を批判しながら検証することを企図している。その論旨では、結局、柳田の唱える見解の限りにおいて、それがきわめて困難であるという立場を貫くにいたった。そして、重出立証法をとる柳田民俗学が超克しなければならない点として次の四点をあげる。

すなわち、第一は類型化された民俗資料のそれぞれを観察し比較する重出立証によってでは、歴史上の変化過程を辿ることができない。したがって時代の変遷を問題にする歴史学を支える柱にはなりえないという点である。福田は、もっとも柳田民俗学の方法に忠実な井之口章次の著書『民俗学の方法』（岩崎美術社、昭和四十五年）によりながら、くわしく反証の論拠を引いて、その弱点を以下のごとく指摘する（文中の傍点は筆者、〔 〕内は筆者の補筆）。

井之口氏もゴンムの図式を提出した後で、それを具体的に次のように説明する。オタマジャクシからカエルに至るそれぞれの標本をいくつか並べれば、オタマジャクシからカエルへの変化が自然に判明するということにより、民俗資料の類型化と比較を考えている。しかし、この説明は一見証明されたかのような錯覚をおこすが、問題は多い。オタマジャクシからカエルの変化は生物の個体変化であり、それは一個のオタマジャクシの変化を観察すればカエルになることが経験上判明しているのである。オタマジャクシからカエルに至る各段階の形態を並べて変化を説けるのは、このような経験的知識が前提となっている。しかし民俗事象の各類型はそのようなものではない。（中略）重出立証法は現在にいたるまで、寄せ集め重ね合わせることにより変遷が判るとしながら、その変遷を判定する客観的基準について、あるいは分析方法については何ら明確なものを提出していないのである。しばしば例として示される灯火の歴史などは、松明→あんどん→ランプ→電灯という変遷を説き、この例から〔は、些かも〕疑問の余地がないように感じられるが、この各類型を変遷におきなおし〔得〕たのは、そのような類型自体〔の比較研究から導き出されること〕よりも、文献を中心にした歴史上の知識である。そのような文献的成果による歴史的知識が明確でない場合は、多くは古い進化論的知識によって恣意的に判断しているにすぎない（中略）単純なものから複雑なものへ、血縁から地縁など単線的な変化を考え、それを適用しているに過ぎない（福田論文、九四〜九六ページ）。

というのである。たしかに人間社会の歴史的展開は、血縁から地縁へ、単純形態から複雑形態へ、と単線的にすすむわけではない。また、そこには、発展形態を公式的な進化論的知識で説明しきれない複雑な要素条件をふくむ領域がある。そうした個々の歴史事象は、重出立証法で定立した法則によってでは証明できない。したがって重出立証法は発展の法則を導き出すことにはならないわけである。この批判は、これまでも多くの評者から指摘されてはいるにしても、本問題を考える原点であるから、常に十分に反省を加えつつ慎重に考えてみなければならないであろう。

福田論文の第二の疑問は、かりに重出立証法によって民俗事象の諸類型間に一定の序列あるいは変化のプロセスが確定されたとしても、それが意味する序列とは何であるか、はたして歴史上の変遷をしめしうるものであるかどうかという点である。異なった地点と地域から採集された資料をもとに類型化されたものは、それぞれの地点から切りはなした根なし草である。したがってそれから導き出された序列は、どんなに努力しても変化・変遷として説明することはできない。「各類型の比較により、より単純であるとか、技術的に低いとか、あるいは古風であるとかいうことにより、（中略）新旧の型の序列をつけることは可能かもしれないが、それは精々古い、あるいは低い型のものがより古くから存在していたかもしれない、あるいは現在の新しい型はその古い型・低い型から変化したかもしれないという可能性を教えてくれるにすぎない」（同上論文、九七ページ）のである。そして、現在の平面上に分布する民俗事象の差異を型の新旧、あるいは高低として把握できる場合でも、それはかならずしも変遷とはならない。むしろ「共通の祖型から別々の径路を通って出現してきたものと考える方が矛盾なく説明できる場合がすくなくない。また、〔もし〕諸類型がA→B→C→Dと変遷したと把握できるとすれば、それはDにとってC、CにとってBがその前段階として存在したことを、現在DやCを保持している地点で証明しなければならない」（同上論文、一〇〇ページ）ことになる。さらに現在Aである地域の民俗事象は、今後B→C→Dと変化する過程を必然的にもつものなのであろうか。あるいはA→B→D、A→C→D、A→Dのいずれかの過程をふむのだろうか。そうでないとすると、A→B→C→Dの法則は、法則としての意味をもたなくなってしまう。この指摘は、いささか皮肉をまじえた評価ではあるけれども、福田のいうように、もしも重出立証法がこの点を明らかにしなくて変遷をとくならば、それは歴史的変化をさぐる法則としての妥当性をもつことができないのだから、方法論として全くのナンセンスだといわざるをえない。

　第三の問題点は、かりに類型化して比較した結果、その変遷が明確になった場合、すくなくともそれが歴史科学であるからには、かかる変遷の要因はなにかという問に答えねばならない。けれども重出立証法によって導きだされた類型は単なる型の序列にすぎないのであるから、その序列から変化の要因を把みだすことはできない。しかも、その類型は異なった地点での民俗要素を寄せ集め重ね合わせた結果出てくるもので、変化・変遷が裏づけられる地域社会を離れて全く抽象化されてしまっている。そうした抽象化され静態化されてしまった類型から動態的変化の要因を析出することは、どんな方法をもちいても、またどのように努力をしてもできない話であろう（同上論文、一〇一〜一〇四ページ、参照）。

このようにして類型化された民俗事象は、地域社会から抽象化された、いわば死んだも同然のものである。その死骸をいくら操作してももはや死者の生命は復活してこない。生きた民俗現象は、生きとした生命をもって機能する地域社会の生活態のなかで生起するものである。それを各要素だけ抽出してずたずたにきりさいなみ、かつ異地域の断片的資料を寄せあつめるとしたら、それぞれ民俗要素相互の間に展開する機能や関連を、いったいどのようにとらえることができるのであろうか。ことに社会的文化的要素は、個別的に孤立する存在ではない。本来は各要素間に綿密な関連があって、いわばそれらが一つの束となって初めて完全に機能することになる。個々ばらばらに分断されては存立の意義を主張することはできない。すくなくともそれは伝承母体において統一されているべきである。ところが重出立証法においては、分断された個別的な事象のみをとりあげて単線的に変化をたどろうとするために、生きた複合体としての民俗を無視し、かつ民俗成立の基礎となった伝承母体を放置してしまう。あるいは、伝承を生存させている地域社会の総体的把握を不問に付したままに措《お》くことになる。これが第四の弱点として指摘されている（同上論文、一〇四〜一〇八ページ、参照）。

以上、福田論文が列挙した四点の指摘はきわめて論理的で首肯するところが多い。柳田民俗学に拠る者に対し反省すべき多くの点を示唆してくれる。史学者、家永の論難よりもいっそう方法論の内奥にはいり具体的に示された批判には、耳を傾けるところがすくなくない。たしかに重出立証法によってえられた民俗資料を歴史学に利用するためには多くの欠陥があり、方法論としての未熟さが露呈している。けれども、それにもかかわらず民俗資料が歴史像の復元に大きく寄与することはみとめないわけにはいかない。問題は重出立証法によるべきか、あるいは、それ以外の方法によるべきか、である。あるいはまた、重出立証法をよりいっそうコンクリートにし洗練させることによって、多くの指摘される弱点が克服できるかどうかも考えてみなければならない。筆者は、家永や福田をはじめとして多くの批判はあるにしても、重出立証法の欠陥を補訂するならば、民俗資料を歴史研究に活用することの道が開かれる可能性をみとめている。そして、その可能性を示唆する方法に則った具体例証を学界にしめし、それによって、多くの共鳴者を獲得したいと念願している。しかも、その根拠を妥当化しそれを正当化する立場と方法とが、筆者の提唱する歴史民俗学の構想と連なってくるのである。

重出立証法に立脚する柳田民俗学は、民俗の歴史的変遷をトレースする第一歩に、それの類型化を期する作業を必ず実施する。その際「寄せ集め重ね合わせる」民俗資料を、それが成立する伝承母体や地域社会を無視し抽象化しながら整理するところに、一番大きな問題がはらまれているように思われる。この伝承母体とは民俗・伝承を生みだした支持母体であるから、個々の民俗が有機的統一的に機能し展開する生活基盤、つまり地域社会であり共同体である。そしてこの統一的な生活体系が成立し組織化しているのが具体的には郷土ということになろう。この立脚点を忘れては、歴史は成りたたない。しかも民俗と郷土との密着関係はきわめて緊密であるから、この郷土のなかにおいて民俗がどのような立地条件にささえられながら成立しているか、まずそれの分析に眼をそそがなければならない。そのうえで郷土内の民俗事象間にどのような類似点、相違点がみられるかを検討し抽出する。この段階での重出立証の方法なら、福田が指摘し心配する弱点の多くは救われ是正されるであろう。また、民俗を有機的に総体的に把握することもできる。そして、この地域社会内の民俗事象相互間に差異が生ずるときは、その差異がどうして起こったのであるかを検討しなければならないが、その原因を追求することは、その民俗差異が同一地域社会内で生起した現象であるかぎり、比較的容易にアプローチすることができるし、また、差異の要因を突きとめることの方法論的正確性も保証することができよう。柳田がこころみたように、どちらかというと、地域社会を超越し郷土を無視しておこなった方法を、地域社会に釘づけして、あくまで郷土を立脚点として分析することに主眼をおき、そこを第一の出発点にするならば、多くの点で成功を期することができるのではないかと考えるわけである。

4 重出立証法の克服——歴史民俗学の成立条件——

そこで、重出立証の方法的妥当性は、まず第一に地域社会の郷土に限定することを基本条件としなければならない。この条件に叶う地域社会の郷土を、明治維新以降に規制され、幾度かの市町村合併を繰り返してきた。いわゆる行政村に適応させることは適当でない。それよりも狭く、ムラとか字・区とか称されて、常に生活共同体を形成しながら推移してきた地域社会を最も基礎的なユニット（単位）に設定することが好ましい。「郷土」「地域社会」「自然村」の概念については多くの見解が寄せられ論議を喚んでいる。この問題に触れた村落社会研究会の『年報』や福田アジオ「『むら』とは何か――民俗学における村落研究の動向と問題点――」（『民俗学評論』三、昭和四十三年）などが参考となろう。ここでは通常ムラとよばれる小地域共同体をさすことにしたい。この単位内では、道普請《ぶしん》や橋普請などのムラ仕事が共同体全体によって負担され、相互に労働力を無償で提供することが前提となって成りたつ地域社会である。しかも共同体の意思決定には、少数の選ばれたものが構成する市町村議会のような代議制自治体組織ではなく、共同体のメンバーが全員出席のもとに開催され、全体の意思を表明する全体協議という形式を必ずふむ、ムラ寄合のごとき機能をもつものでなければならない。したがって、そうした共同体社会では、これまた全員参加のムラ行事が営まれ、とくに冠婚葬祭などの民俗事象には全員参加制が強く滲み出る体制をとっている(8)。

共同体崩壊の度合が強くなり、ことに地方農山村の過疎化がすすみ、都市化の現象が顕著となった現代では、このような条件を具備する地域社会は稀有となった。そして市町村併合の推進は、いっそうこの傾向に拍車をかけつつある。しかしながら、それでもなお、如上の条件に叶う地域社会を見出すことはできないわけではない。また近代化によって崩されたとしても、住むところを同一にする新しい共同体は必ず成立する。したがって、われわれは第一の視点をまず、そこに向けねばならない。

次に第二点は、柳田民俗学の重出立証法が陥った最大の弱点、すなわち地域社会の枠を超越して民俗資料を寄せあつめ、これを類型化して比較するという脱地域的手法を、どのようにして克服するかということである。そのためには、地域的限定をこえて、生活上なんらつながりの認められない隔絶地点の比較を断念し、生活を共同とする地域社会の居住空間を手はじめとし、次いでそれを徐々にひろめながら、ひろめた近接地域の比較研究をすすめてゆくという方法をとる。同じ盆地内の集落とか、渓谷間に連なる山間集落とか、同一河川がつくる流域平地に展開する農耕集落とか、リアス式海岸に点在する漁村集落など、立地条件を比較的同じくするムラごとの民俗をまとめて比較するならば、抽象化の非難をさけることができる。そうした地域内の各集落間で点滅する民俗を比較するならば、活きた生活面との断絶はありえないし、そこでの重出立証法的展開は、ツカミドリ、ブツギリの批判をうけることはまずなかろう。そして、その段階でムラごとに現象する民俗相互間の変動を確認し、その成立・発展・衰微・消滅の展開過程を考えてゆくならば、変化変遷の実情をたどることもできるし、また、その理由・原因についての説明を可能にする材料の出現が期待でき、それを拾集することの有効性をうかがうこともできる。この場合の地域的ひろがりは、旧来の地域単位で郷とか庄とよばれていた範囲を想定してよい。重出立証法が民俗の推移をトレースする場合に最大の効果を発揮できるのは、こうした地域領分をもって限度とする。そして、その範囲は今日の行政区域でいうならば、町村の行政区域と一致する例がおおい。そこで筆者は、今日の町村誌編纂にあたって、民俗的資料を活用する方法的妥当性と効果の可能性とを最大に発揮できるのは、ここにあると考え、かつ、それをもって理想的だとみている。ただし、都市の中心部や著しく都市化された郊外と、そこから隔絶された山間奥地の過疎地とを含めて同一行政区に編入した併合自治体などは、ふさわしくない場合が多い。同一の環境と近似の立地条件をもつ区域が好ましいので、いちおう合併前の町村地区がほぼこの条件に該当する。幸せなことに新しい市町村併合を機に、合併前の旧区の町村誌編纂が比較的活発に行われてきた。それは、民俗学と郷土史研究の接合にはまたとないチャンスだったといえよう。

第三には、重出立証の際に行う比較作業施行の場合、民俗事象を存立させる条件（地域社会の環境や伝承母体の性格）を重視し、両者の相互関係を十分に検討する作業過程の設定を提唱したい。民俗のなかには、個人の家のみで執行される年中行事や成長（通過）儀礼もあれば、家と家との交際関係で展開する社交儀礼もある。このうち家例とも称する家儀礼のごときは個人差がおおく、家長や家族のイデオロギーに左右される要素がすくなくない。その創出・改変は、個人的見解で比較的容易に決定できる。したがって家ごとのヴァリエーションは大きく、民俗間相互の隔絶・格差も際立つことがおおい。これに反し、社交儀礼や共同体行事はそれほどでない。民俗のもつ慣行性はつよく、習俗の持続度も高く社会性をもつといえる。そこで重出立証法をもっとも広く適用でき、しかも、その欠陥をまぬがれると考えられる領域は、後者の社交儀礼や共同体行事であろう。したがって調査の志向は、もっぱら、この領域へ集中して施行されることが望ましいのである。この種の民俗は、ことにそれがおかれる地域社会の諸条件に強い影響をうけるから、地域社会推移の歴史的変化と敏感にふれあう。そこが取り得ということになるであろう。筆者はかつてこの観点に立って現地調査を手がけ、民俗における文化の接触変容と、習俗の変化過程との関連を追及する作業をすすめたことがあった（拙著『神仏交渉史研究――民俗における文化接触の問題――』吉川弘文館、昭和四十三年、とくに第四編「習俗変化の過程と要因」、参照）。参考にしていただければ幸甚である。

　そこで、第四には、民俗資料のうち重出立証に適合するものと然らざるものとを識別する必要がでてくる。個人や家にみられる民俗の差異やヴァリエーションのごときは、複数の担い手が存在しないかぎりそれだけでは民俗といえないから省くとして、地域社会に共通する民俗として機能するものがある場合には、当然それを郷土研究の素材として採用する。たとえば、七夕に笹竹を立ててこれに短冊を吊るして星祭りをする風が、地域社会に定着していないとする。しかし、よく調べてみると、実際に二、三の家では行っている場合がないわけではない。それでは、これを民俗とするべきかというと簡単にそうは断定できない。なぜならば、これは幼稚園や小学校における社会科教育の実習などを通して教えられた子どもが、その家庭へ導入したものである。あるいは出稼ぎで他郷へ出た家人が、異郷の風を模倣して持ちこんだものもある。とすると、もちろんかかる風の七夕の行事をムラの民俗として考察の対象にするわけにはいかない。けれども、紙でつくった人形《ひとがた》を軒先に吊し縁先に供物《くもつ》をそなえて、家族のもののケガレを祓《はら》い、身の健康を祈願する風がみられるとするならば、あるいは子どもたちが軒先の供物をもらって七夕遊びをする行事が消えずにのこっているとすれば、それらは、地域社会の民俗として重要であり貴重である。しかも、この民俗は地域社会の子ども組の行事として機能したからこそのこったのであって、その共同体が崩れないという条件、子ども組を成り立たせている地域社会の立地条件が、大きくものをいうことになるわけである。これが地域社会に根ざしながら重出立証法を適用する場合に無視しえないところであり、かつそれこそが比較するための限界的領域であるといわなければならない。

こうした地域社会の性格がそれほど反映しない民俗対象もなくはない。たとえば、方言などの言語現象とか昔話などの口承伝承がそれにあたる。これらは地域限定がさほど強くないので、伝播の力やその速度において、また、その範囲においても、強く速くかつ広い。そうしたものと地域限定を強くうける民俗とは区別して考えねばならない。柳田が証明したように、後者の場合は、地域限定を顧慮しない重出立証法の典型的活用をもっとも歓迎する。しかし、そこから導き出された類型は、単なる序列化を可能とする類型であって、それ以上の何物でもない。まして歴史的変遷を具体的に証明する素材になりえないことはいうまでもない。もしあえて変化の跡づけを強行しようとするならば、地域限定の上に立った重出立証を基本とし、その特定地域の場合について試みる丹念なトレース作業をまず施行し、それを次第に隣接地域へと拡大しながら積み重ねて行く以外に方途はない。方言学などではすでにその試みがなされている。(9) けれども口承文芸領域面での方法的手続きに、なおはるかな立ち遅れがみられるのは、残念である。今後におけるこの方面での研鑽が大いに要求される所以である。

第五に、地域社会での民俗的変遷を解明する場合、それを示唆する文献資料が豊富に存在するときには、その分析作業がきわめて有利に展開することは申すまでもない。そこで、そのさいに両者をどう接合させるかが問題となってくる。一般に民俗学における文献資料の利用は大いに歓迎されるべきであろう。ところが、この文献資料を解釈するさいに、民俗学的知見がないと思わぬ誤謬をおかすことがすくなくない。もちろん文献を正しい理解のもとに的確に利用するならば、両者——歴史と民俗と——は遙かに接近し、歴史的復元を有効ならしめる。ただし、ここで注意しなければならないのは、使用する文献資料の性格についてである。一つは直接に民俗の実在を証拠立てる資料であり、もう一つは直接資料とはいえないが、民俗伝承を支える地域の特色を間接的に物語る資料である。二種のうち後者の間接資料は、伝承母体の地域社会を分析する場合に縦横無尽に活用できる素材となるであろう。この点について民俗学者、千葉徳爾は、信州善光寺平の南半部とその西方山地を平地・丘陵・山岳の三地区に分け、近世に作成された文献「堂宮改帳」を利用して、地域と小祠（民間祭祀）との関連を明らかにし、民俗資料と文献との接合例を提示している。すなわち三地域、A　稲作中心の平坦地農村、B 犀川沿岸丘陵地の畑作地帯、C 畑作商品に依存する山間地帯、について小祠の性格を検討すると、山間部では一族の祖霊的意識が強く、平坦部は共同体で小祠を管理する。この形態が伝承母体の生業経営の変化過程とも即応しているので、賦役労働を主とする粗放大経営の自給的経営から、それが解体して小農が独立する歴史的推移に比定できることの論証を見事になしとげた(「地域社会の信仰と小祠の形態」『地域と伝承』大明堂、昭和四十五年、七二〜一〇四ページ、参照)。

けれども前者の文献資料を民俗の類型化をはかる作業過程の段階でいきなり利用することは、とかく過誤を招きやすいということである。概していえば、類型の序列を変遷の経路におきかえる段階で行うトレース作業のさいに、活用するようにしたい。そうでないと重大な誤りを導くことになる。たとえば、ある婚姻習俗の類型と、その形態や内容において似通う文献資料がたまたまあったからといって、単純に、その類型を文献のしめす時代の習俗と断定することである。こうした速断が無反省のままにおこなわれるケースは実際には非常に多いので警戒しなければならない。もしも該習俗が、開けた平野から山間地域を開拓し、そこへ移住した人々によって担われたものだとすると、その移動期以前に平場の集落で習俗としてすでに定着していたことになる。それを無視してストレートに文献的データを民俗事実として比定材料に用いるならば、それは当然に時代錯誤をまねき設定上物議をかもすことになろう。すなわち、平場《ひらば》の村では、それ以前にすでに習俗として成立していたわけであるから、該習俗が消滅してしまったとしても、これを歴史的変遷の系列でトレースするときは該類型の成立を山村でおこなわれた時期以前に設定しておかねばならないわけである。だから、民俗と文献とが等質だからといって、やみくもに恣意的に結びつければ成功するというものではない。この点は十分なる注意が必要であろう。

5　むすび

郷土における民俗像の歴史的復元をはかる場合、民俗の全体像を分解したのち、各要素のそれぞれについて検討することは、手続き上の過程としては許容されるところであろう。しかしながら民俗の生きた実態は、ばらばらに分断された諸要素の断片として存立するわけではない。したがって、たとえば婚姻習俗のみを全民俗像のなかから抽出して論を進める調理法は個々の食材ごとに料理を並べただけであって、いうまでもなく完全な料理ではない。そこで、資料探訪上の工夫が重要となってくる。有機的体系的考察に力量を発揮しなければならない。だから採り上げた婚姻習俗とならべて、他の民俗要素、たとえば、同じ系列にある通過儀礼とか歳時習俗、さらに芸能伝承、口承文芸、民間信仰の諸領域が当然ながら守備範囲にはいってくる。それを貫徹するためには多くの時間をかけ広いスペースを手掛けなければならないであろう。それらの条件を考慮して積みあげた実験例は、これまで公表した拙論のなかでこころみ提示してある。参照していただければ幸甚である。(10)

さて、上述の諸節における筆者の見解は、余りにも抽象的であって具体性に欠けるとの非難をまぬかれないであろう。なお十分に説明できなかった個所がすくなからずあって、自分としてもまことに不満足である。けれども指向の一端は披瀝しえたと思うし、未熟の点は今後の研鑽に委ねなくてはならないであろう。そこで本稿を結ぶにあたり、本論構想の趣旨を以下の箇条書きで示し全体の締めくくりとしたい。

1　本論は郷土の歴史をかたる文献資料が存在しないか、または少量か断片であるか、その何れかのために、生活史の構成を断念しなければならない地域社会において、どうしたらそれが可能であるかを模索した試みである。

2　文献資料の不足は、いきおい遺物資料や遺習資料に拠る究明方法を要求する。本稿では、民俗資料によってそれが可能であるかどうか、もし可能であるとしたら、どういう方法がとられなければならないか、に焦点をしぼって述べたわけである。

3　これまで民俗学が準拠してきたいわゆる重出立証法は、生きた民俗を地域社会の生活実態から引き放しもぎとって類型化し、その類型的序列を時間的変化の過程に推置《すいち》することを主眼とした。これには多くの批判が寄せられているように、論理性を欠くところがすくなくない。

4　その弱点を克服するためには、民俗を支える伝承母体、とくに地域社会＝郷土を捨象するのではなくて、むしろ、地域社会における生活共同体に追究の焦点をあて、そこでの民俗の在り方、推移の様態を問題としてとりあげる態度が大切である。

5　具体的方法の第一歩としては、地域社会＝郷土の範囲をどうとるかが問題となろう。それは地形などの自然的条件、政治・交通などの人文的条件によって格差があるので区々ではあるけれども、生活上の地域社会が一つの単元《ユニット》として考えられる。その崩壊を免れた地区においては、旧村の村落共同体が、より恰好な地域単元であるといえる。

6　村落共同体は、その領域内に小分化された小地域集団をかかえこんでいる。この小単元の小地域集団は、多く構成員相互が密接な生活共同体を構成しているために、共通な民俗像を所有する。したがって、小地域集団相互にみられる民俗像の差違は、それぞれの隣接小地域集団との比較によって明瞭に析出されうる可能性をもつ。この民俗差出現の理由を探究することによって、調査者は歴史的推移の方向を探知することができる。

7　地域社会における民俗像を発見する作業は、いうまでもなく民俗的伝承資料の採集調査である。その際には民俗を伝承母体である地域社会の実態から引き離して抽象化する従来の手法はさけなくてはならない。民俗の立地条件、とくに社会構造の在り方、民俗を担っている階層構成の分析、生産構造との関連などを十分に配慮する心掛けが必要である。

8　以上の手続きを経ていちおうの結論がえられたとしても、それを直ちに一般化することの性急はさけるべきであろう。まして、その推定に些かでも不安が介在し、断定が躊躇されるとしたら、結論の性急化を急がずに、より一層慎重な進め方をこころみる必要がある。それには、同様の試行を隣接地区へ拡大して実検することである。そうした試行地域を次第に拡張しながら、問題を広地域のなかへと投入して行く方向が望ましいのである。

9　対象領域が広範になればなるほど、そこに遺留される文献資料発見の可能性もでてくるし、また、実証素材も豊富となってくる。そうした文献資料を照合することによって、民俗のもつ意味の理解や、推移の契機を説明する仕方が一段と緻密となり的確なものとなろう。

10　地方史や郷土史の研究は、戦後のキャンペーンも影響してか随分と進歩してきた。けれども、なお中央史によりかかった解説や方法が跡を絶っていない。歴史研究の進展は、本来地方史の進歩に裏打ちされるべきものであろう。この点はまだ十分だとはいえない。この不十分な壁を突き破るためには、小地域社会の研究を積み重ねてゆくことである。そうした地域研究＝郷土研究の基礎がかたまり、あたかもインクが吸取紙に浸透して拡がってゆくように、全国土をおおうことができるならば、所期の目的は十分に達成されるであろう。

本論において強調した趣旨もまたその点にあるのであって、特別に含まれる他意はない。そうした方向に、民俗学がどのように寄与できるか、またどれだけのことをなしうるか、を些か考えてみたのみである。

以上の箇条のうち、最後の点については、具体的な作業例を提示して解説に委曲を尽くさなければならないけれども、それは他日を期したいと思う。民俗学が歴史学の研究にどのように接近することができるか、また、歴史研究にどのような効果を与えてきたかについては、和歌森太郎が幾多含蓄のある所論を発表した[11]。また、地方（地域）史研究や郷土史研究がどのような方向で進むべきかは、近世思想史の芳賀登がその見解を述べている[12]。筆者の考えも、以上の所論とそれほど大きな径庭はない。ただ筆者の場合は、より強く民俗学の視点から郷土史研究の在り方と可能性とを具体的に模索してみたということができよう。各位のご高批を仰ぎたいのである。

注

（1）柳田は東京帝国大学史学会で同名題目のもとに行った公開講演の内容を増補して、昭和十年二月発行の『岩波講座日本歴史』一七に収めた。本書は、そのほかに「郷土研究の将来」（『郷土科学講座』Ⅰ、四海書房、昭和六年九月）、「郷土研究と郷土教育」（『郷土教育』二―七、昭和八年一月）などの論考を集めて昭和十九年三月に発行された（六人社刊）。

（2）拙稿「講の研究――とくに民俗学からのアプローチ――」（『地方史研究』九―六、昭和三十四年、一～三ページ、のちに拙著『祭りと信仰――民俗学への招待――』新人物往来社、昭和四十五年、所収、一六六～一六八ページ、参照）。

（3）とくに少壮民俗学者の試みたものとして、福田アジオ「封建村落史研究と民俗学」（『史潮』一〇〇、昭和四十二年）、平山和彦「近代史と民俗学」（同上）、宮田登「地方史研究と民俗学」（同上）、河上一雄「柳田民俗学ノート」（同上）、牛島巌「歴史研究と人類学」（同上）、田中宣一「重出立証法の歴史」（『日本民俗学会報』六〇、昭和四十四年）、野口武徳「重出立証法に対する問題提起」（同上）、牛島巌「重出立証法に対するコメント」（同上）、河上一雄「重出立証法についての私見」（同上）、福田アジオ「周圏論の歴史」（同上）、平山和彦「周圏論をめぐる諸問題」（同上）、同「民俗学と『歴史』の問題」（同上）、同「方法論および問題意識ということ」（同上）、宮田登「文献と伝承」（同上）など各氏の論及が挙げられる。こうした柳田民俗学に対する批判的風潮については、『朝日新聞』昭和四十七年三月十三・十四日号の「柳田国男論の周辺」、および宮田登「柳田民俗学と柳田国男論」（『読売新聞』昭和四十七年五月十四日号）など参照のこと。

(4)（定本二四、二二六ページ）参照。

(5) 同上、二二七ページ、参照。

(6) 昭和十年八月、刀江書院より刊行。のちに筑摩選書に編入（昭和四十六年、発行）。

(7) 昭和四十五年十二月二十五日提出の本論文は残念ながら未公刊である。しかしその趣旨は、後に「歴史学と民俗学」（『民俗学評論』八、昭和四十七年）などをはじめ、多くの論文で公表されているし、また方法論に関する部分を集成して『日本民俗学方法序説』（弘文堂、昭和五十九年）が刊行された。けれども、その主張の大筋は当時と変わっていないものと判断される。

(8) 宮本常一『日本の離島』一・二（著作集、第四・五巻、未来社、昭和四十四年）、同『ふるさとの生活・日本の村』（同上、第七巻、昭和四十三年）、和歌森太郎『日本人の交際』（アテネ文庫、弘文堂、昭和二十八年）および櫻井・北見俊夫『人間の交流』（『日本の民俗』四、河出書房、昭和四十年）のなかの「人とつきあい」（一三八〜一八五ページ）参照。

（9）方言学者、とくに柴田武の業績が参考となる（同「鳥追い歌の変遷」『日本民俗学』六九、昭和四十五年、同「同一文化を反映する神社分布と語彙分布」第二五回日本人類学会・日本民族学会連合大会発表、昭和四十六年十一月六日、など）。

（10）前掲『神仏交渉史研究』のほか『日本民間信仰論』改訂版（弘文堂、昭和四十五年）のとくに第三編民間の伊勢信仰、『講集団成立過程の研究』（吉川弘文館、昭和三十七年）とくに第四篇地域社会における講の沈着過程、参照。

（11）『歴史研究と民俗学』（弘文堂、昭和四十四年）、とくに第一章。

（12）『地方史の思想』（日本放送出版協会、昭和四十七年）、とくに第四、第八章。

三　これからの民俗学

1　はじめに

柳田國男が亡くなられたのは今からちょうど三〇年前の昭和三十七年（一九六二）でした。その昭和三十七年は、私にとりまして生涯わすれることができない重大な年でした。

かねて提出していた学位論文がその年の三月に通り、その学位記と、その論文を本にした新刊の『講集団成立過程の研究』（吉川弘文館）をたずさえ先生にお目にかかりました。先生は非常に喜んで下さり、「民俗学はこれからが大事な学問であるから、しっかりやってくれ」との激励のお言葉をいただきまして、非常に感激したのです。

またその年の七月に八八歳の寿齢を重ねられますので、めでたい米寿を祝賀する会が企てられました。それは五月三日に開かれ、先生は奥さまともどもお元気で会場へ来られたのですが、その頃から先生は体調を崩され、慶びも束の間八月八日、ついに永遠のお別れをしなければならなくなったのです。

そしてまた、その年の日本民俗学会において先生が設けられた第一回柳田賞の授与式が行われたのですが、思いもかけず私がその賞の対象になったということもあって、忘れることができない年なのであります。それから三〇年たった今日、先生がお生まれになったこの播州の地で、先生ゆかりのお話をさせていただきますことは、私にとりましては大変光栄の至りであると同時に、その機会を与えて下さいました「播磨学研究会」に対し厚く御礼申し上げます。

2　柳田民俗学のねらい

今朝はやく東京をたちまして、新幹線の車窓から秋の陽にかがやく播磨平野を眺めておりますと、田の畦道の至る所に紅々と咲いている彼岸花（曼珠沙華）が目に入りました。「ああ、彼岸も今日（九月二十六日）で終わりなのだ」そう心のなかで呟きながら何となくものわびしい古里のことを思い出していました。折角招いた先祖のミタマと別れると教えられたはてての彼岸の記憶から、日本人にとっての彼岸観へと想念がめぐってきたのです。

日本のみの彼岸

彼岸といいますと、入りがあり、中日《なかび》があり、そしてはて（しまい彼岸とも）と三回の山場があって一週間続くわけですが、その間にご当地でも先祖のお墓参りに行くなど、いろいろなタマ祭り行事がなされていると思います。しかし、この彼岸という語はいうまでもなく仏教からきたものであります。仏教では、われわれ人間が住んでいるこの岸と、死者が行くところのあの岸があり、その間に一筋の川が流れていると考えています。その川の向こう側が彼岸なのですが、そこには亡くなった人たち（あるいはその魂）が住んでいる。こちらの岸には生きている人間どもが住んでいて大いにざわめいている、そういう世俗の世である。その世俗の世を去って、理想郷であるあの世へ行く涅槃《ねはん》（ニルバーナといいます）があるべき姿なのだ、と釈迦は経典のなかで示されています。

しかし、春分・秋分の日をはさんで前後七日間、死者の霊を鎮めるために先祖まつりを催すのは、アジアの仏教国でも、わが国だけの行事です。お隣の韓国でも、中国でも、また東南アジアの小乗仏教国でもみられません。これはたいへん注目すべき現象だと思うのです。

ところで仏教では、よく「出世間」「出世」という語を使いますが、これは本来、地位や名誉や財貨を捨てて仏道に入ること、つまり俗世を捨てて入信することを意味しています。それが仏教者のあるべき姿だというわけです。ところが日本では「出世」というと逆に地位や名誉や財産を得ることだと思っていますが、これは「出世」という本来の意味を誤って使っているわけです。そういう仏教語の日本化したものは少なくありません。

春分・秋分の前後各三日を彼岸と定め、読経や法会を催すことはすでに聖徳太子の時代から行われていた記録があります。相当古いといえましょう。そこで仏教伝来とともに日本に入ったと理解され易いのですが、しかしそれはあくまで寺院中心の仏教的な彼岸行事であって、民間の彼岸とはかなり異質な姿を示しています。

仏教以前のすがた

そこで問題となるのは、仏教が日本に入ってくる以前、つまり日本人がこの列島に暮らしを立て始めるようになった仏教以前の時代はどうであったか、その頃日本民族独自の行事として行われていたかどうかということです。そういう点を明らかにしようとして、ひとつの学問―日本民俗学―をうち立てたのが、柳田國男でありました。

柳田は、外から入ってきた外来文化――仏教、儒教、道教、あるいは欧米の学問など――に教えられたこと、あるいはそれによって影響を受けた日本や日本人の姿を明らかにするということではなくて、それらの影響を受けない本来の日本的姿態はどうであったか、そもそも日本人はどのような暮らしを営み、何に生きがいを見出し、どこに幸せを感じながらこの世を生きてきたか、それを明らかにする必要があるというので、新しく民間伝承の学という学問体系を創立されたのです。

私は柳田のお教えを受けながら今日に至ったのですけれども、その過程において、私自身が民俗学に対してどのようにアプローチし、どのような考えをめぐらし、どこに疑問を抱いたか、ときにはネックに突きあたり、そこから抜け出そうともがいてきたか。そういう学問遍歴の一端を申し上げることによって、これからの日本の民俗学がどうあらねばならないかについて私見を述べてみたいと思います。

いろいろな彼岸行事

先ほどの彼岸の話に戻りますが、もちろん彼岸はいま日本国中いたるところにみられる行事です。しかし、彼岸というのは日本語ではありません。仏典から教えられた外来語です。またその彼岸行事を全国にわたり広く見渡しますと、すべて仏教から教えられた儀礼として定着したのかどうか疑いが起こります。その点から検討すべきところが多いのです。第一、彼岸という名称を使わないところが少なくありません。もちろん、学校で教えられたり、本で読んだりしていますから、その知識で彼岸という文字はみんな知っています。それで一般に「今日はお彼岸だよ」というわけでしょう。しかし本来はどうも彼岸という言葉を使わなかったという証拠が出てくるのです。たとえば彼岸の名を「こなかし」「こながり」「きなれ」「いきなれ」などと言う地域があります。こういう呼び方はいったい何を意味しているのか、なぜそのように呼ぶのかということが当然問題になってきます。

私は北越の山村に生まれたのですが、そこは三、四《メートル》も雪が積もる豪雪地帯でありますので、春の彼岸にはまだ一、二メートルも残っているところで行われることになります。お墓はもちろん雪の下に埋まっていますから、その上に雪を盛り上げて祠堂の形をつくります。その前に祭壇をかざって、そしてヒガンバナを供えます。ヒガンバナといっても雪国のことですから、ようやく木の芽がふくらむ程度です。そこでヤナギの枝やシキビの葉、あるいはツバキの葉を取ってくる。それがヒガンバナなのです。

火祭りの彼岸

彼岸の入りの日には、夕刻になると祭壇の前に家から持ち寄った藁を小高く積み、それに火をつけて、唱えごとといいますか、あるいは囃しごとといいますか、声高く叫ぶのです。子供の頃、私も参加しましたのでよく覚えています。「じじごたち、ばばごたち、こなかり（こながり）について、ござれ、ござれ」と唱えるのです。「じじごたち、ばばごたち」というのは、おじいさん、おばあさんの意ですが、いうまでもなく家の先祖を指しています。「こなかり」「こながり」というのは「この灯《あか》り」がつまったものです。つまり、「いま藁火を焚きました。先祖の霊たちよ、この明かりを目標においで下さい、おいで下さい」というわけです。

　この風習は信濃川の上流や支流の村むらにみられますが、同じ信濃川の上流でも信州との境に近いあたりに行きますと、「仏さま、仏さま、じさも、ばさも、こながりについてござれ、ござれ」というふうに唱えています。ここで注意すべきことは、「仏さま、仏さま」という呼びかけのことばです。あの地域では「ほっつぁま、ほっつぁま」と発音しています、いずれにしてもこの「仏さま」とは、仏・菩薩を指すのでなく亡くなった家の先祖を名指していることに間違いありません。民間でいうホトケは仏祖の釈迦とか菩提寺の開基などではなくて、死者を指しています。ですから仏とあるからにはすでに仏教の影響が色濃く出ているなどと判断してはなりません。しかも、この「仏さま、仏さま」の名はのち出てきたもので、はじめは私が子供の頃に唱えたように、神様とか仏様とかいわないで、「じじごたち、ばばごたち」つまり具体的な日常の民間名称で唱えたのだろうと思われます。

その藁火の行事が終わりますと、今度は先祖を背負ってお墓からそれぞれの家に向かいます。玄関のところに足洗いの桶が置いてあって、それで足を洗って家のなかに入ってもらい、仏壇に座っていただくわけです。昔の人は草鞋ばきで旅をしたのですから、遠いあの世からはるばると草鞋をはいて家に帰ってきた、その先祖たちの足は汚れています。そこで桶に水を入れて足をすすぐのです。昔ながらのしきたりをそのまま継いでいるのです。そうしてその時に、足洗い粥というものをつくってまず仏壇にさしあげます。これも大変重要なことです。

秋田を中心とした出羽地方、岩手県との境の鹿角《かづの》地方にいきますと、彼岸のことを「おおじなおばな」と呼んでいます。「おおじな」とは亡くなったおじいさん、「おばな」はおばあさんということですが、これもまたおじいさん、おばあさんの名で先祖の霊を迎えているのです。

鹿角地方では、お墓のところに一二段の藁を積んで火をつけ、「おおじなおばな、あかし（り）もよいし、ちょうちんもよいし、はやくちゃこのむにきとらしょ（せ）」つまり、「おじいさん、おばあさん、お彼岸になりました。明りもよくともっていますし、迎えに出た提灯も明るくなっています。早くお茶を飲みにおいで下さい」と言って招いているのです。お墓のところで焚く火を「まとび」といいますが、これは「万灯の火」だろうと思います。昔はたくさんのともし火を点《つ》けたので、それで「まんとうび」といったのでしょう。あるいはまた、お墓はだいたい山の裾や野原に設けておりますから、そこで焚く火というので「のび（野火）」と呼んでいるところもあります。

中日とはての彼岸

このように、日本の各地にわたって彼岸のことを調べてみますと、先ほど申したように、彼岸といわないで、行事そのものの名前で呼んでいる例がいくつもあるのです。私の郷里では彼岸の期間に藁火を三回焚くのですが、入りの日には先に述べましたように「こなかりについて、ごされ、ござれ」、そして中日には「じじごたち、ばばごたち、なかんざし、めされ、めされ」と唱えます。雪に埋もれた祠堂や仏壇に来臨したご先祖の御霊に「なかんざし」をおあがり下さい、と言うわけです。「なかんざし」の「なか」は中日の「中」ですが、「ざし（さし）」とは何のことか。これは、じつは民俗学上の大問題へと発展するのですが、都会を離れたほんの片田舎、その山ふところにわずかに二、三十軒が肩を寄せ合っているような鄙びた小さな村のなかに、そういう重大な問題がひそんでいるのです。柳田によって創唱された民俗学の研究が進んだおかげで新しい発見があったのです。なぜそうかという点は、あとで触れることにいたします。

さて、しまい彼岸（はての彼岸）になりますと、私の村では「じじごたち、ばばごたち、秋のおひんがん（彼岸）にいもくいに、ござれ、ござれ」と言って、三回目の藁火を焚きます。実りの秋には採りたての芋を食べにおいで下さい、というのです。この芋は、昔のことですからサツマイモではなくて、サトイモであったろうと思います。まだ日本が農耕生活に入る以前、人びとは山に入って狩りをしたり、山の斜面で焼畑をして芋を掘ったりしていましたが、そういう縄文文化の段階においては芋が主食であったことは明白になっています。弥生段階に入り、農耕生活になりますと、水稲が栽培されて神々に稲米を供えたり、しとぎで作った餅を献げたりしました。けれども、それ以前は芋が神供でありました。したがって、芋は常食であると同時に神様からいただいたお授かりものという意味をもっていたのです。その大事な芋を秋の彼岸になったらさしあげますので、ぜひおいで下さい、というのが先ほどの唱えごとの趣旨なのです。「ひんがん」というのはもちろん彼岸の訛りですが、これはやはり彼岸という仏語が一般化した段階での変化であって、それ以前にどう言っていたのかが知りたいのですが、残念ながら史料上の手がかりはありません。

さて、このように見てきますと、春分・秋分に亡くなった祖先の霊を迎えてまつるという行事が、はたして仏教から教えられたことなのかどうかが大変疑わしくなってきます。仏教が日本に入ってきて、各地にお寺やお堂が建てられる。それらを通じて仏教的儀礼や行事が全国に浸透していきました。ですから、伝播以降の段階だけを見ると仏教にもとづくように思えるのですが、それ以前の時代においてどうであったのかという点が問題になってくるわけです。

そこで観点を変えて、仏教以前のようすを示す民俗行事が、日本各地に行われているかどうかをたずねてみなければなりません。そうなりますと、この播州という土地が大きくクローズアップされてくるのです。

兵庫県下では、淡路については全島くまなく歩いて民俗調査をしたことがあります。けれども播州へはあまり足を踏み入れる機会がございませんでした。それは私の民俗研究にとって非常に大きなマイナスでした。なぜ播州に足を運ぶことを怠ってきたのか。播州は申すまでもなく柳田のご生誕の地ですから、民俗学のメッカでしょう。その播州でちょっとやそっとの調査をしてみても、「そんなことはねえ、珍しくはないよ」といって笑われはしないか、そういう顧慮があったからでしょう。偉大な先師には、とくに力を入れて研究し恥ずかしくない優れた論文を捧げなければならない、そういう構えが常にあったからです。それに畿内に接する播州は古来非常に高い文化をもっている地ですから、なんとなく播州に対するコンプレックスがあったからです。

そこで、ご当地で民俗を研究しておられる方々の成果を受けて、それを基盤に少しお話をさせていただきたいと思います。東播の方では彼岸の中日のことを「ひむかえ」「ひおくり」というのだそうです。多可郡などでは「ひまかえ」というようですが、これも「ひむかえ」の訛音でしょう。

播州の彼岸

彼岸の中日には、ちょうど日中に太陽がまっすぐ頭の上に立つのですが、その日は朝早く起きて身を清め、東の方に向かって歩いていきます。そしてぶつかった山のところで、東の方から昇ってくる太陽に向かって深い拝みをささげる。つづいて正午には家の門前で拝みます。夕方になると、赤々と西の彼方に沈んでいく夕陽に対して深く頭を下げて祈る、というのです。つまり、拝む対象は太陽なのです。仏教とくに浄土教では、人間は死ぬと十万億土の西方浄土に行ってしまうと伝えていますが、こちらでは先祖の霊は真東あるいは真西にいると信じていて、彼岸にあたり先祖の霊をまつるために東へ行き西へ赴くのです。しかも拝む対象が太陽であるということは、太陽を亡くなった先祖の霊の象徴とみていた時代があったのでしょう。

そういうお参りをする団体がいまでも多可郡をはじめとする東播地方にあるそうです。だいたい信心深いおばあさんや中年の婦人が中心のようですが、村むらではそういう人たちが念仏講などの講仲間をつくって、亡くなった人の供養につとめています。葬式の晩や初七日、五七日忌《ごしちにち》、四十九日忌などに喪の家へ行って念仏やご詠歌を唱えたりしているのです。そして彼岸の中日には子供なども一緒につれていって日の出を拝み、日の入りを拝しているのです。その儀礼を「ひむかえ」「ひおくり」といい、また彼岸そのものを「ひむかえ」「ひおくり」と呼んでいるわけです。

これは明らかに太陽崇拝、あるいは太陽に対する原始信仰から出てきているのです。皆さんも経験がおありかもしれませんが、子供の頃、朝起きると口をすすぎ顔を洗った家の主人が、東の方に向って「パンパン」と拍手して太陽を拝む風景によく出会ったことがあります。神棚におまいりしたり仏壇へ向う前にお天道《てんとう》さまを拝むのです。いまは古式を守る人は珍しいと思いますが、太陽に対する日本人の信仰はそのように篤く（もちろん日本だけではありませんが）、天照大神の「アマテラス」という名称も、太陽が東から上がって皓々としてこの世の暗い闇を照らすところから出ているわけです。天照大神は別名をオオヒルメムチ、アマノヒルメノカミともいいますが、この「ヒ」も太陽をさしているのです。

このように考えてきますと、どうも春分・秋分の彼岸が仏教化する以前に、この彼岸の中日を日本独自の祭日《まつりび》として拝み、同時に亡き人の死霊をまつるという土着信仰が先在していたのではないかと予想されるのです。日常茶飯事といいましょうか、われわれの生活のなかにあって、日常行われているところの、とくに取り上げて問題にするほどの意味はないと思われる、そういう一見些細な行事について、じつはそれが日本人本来の暮らしのあり方、ものの考え方、あるいは心のもち方の率直な原初的表現である。そういう習俗が日本の民間にたくさんあるということを明らかにしようとする民俗学の効用は、実に大きいのです。

ところが、江戸時代の儒学者を含め明治以来の日本の学者、文化人、エリート層の多くは、あんな下民どものやっていることは取るに足らない、くだらないものである、あんなドロドロした俗事は文化的に学問上まったく意味がないと考えてきました。それどころか、先進国の欧米に向かって「日本ではこういうことが行われています」などとはとても恥ずかしくて言えない、とまで考えていました。そして、ヨーロッパ先進国こそわれわれが手本とすべきものであって、それ以外のものには意味がない。そういうドロドロしたものは早く捨て去って、ヨーロッパ先進国と肩を並べるようにならなくてはいけないといって、この百余年を突っ走ってきたのです。現在の大学においてもまだまだそういう傾向は残っていて、何でも横文字の方が高く評価され、それを翻訳して学生に教えれば、それが学問だと思っている教師がなきにしもあらずなのです。

民俗学による日本研究

現在でもそうなのですから、明治から大正・昭和初期までの日本では、そういう傾向はいまからでは想像もできないほど大きな力をもっていました。そういう時代の日本において、日本でなければ明らかにできない学問、日本人の本来の心情から解き明かさなければ明らかにできない大切なものがある。それは支配者層、エリート層の世界にではなく、名もない民《たみ》の世界に存在しているのだということを教え、その民の暮らしのなかに存在している民間伝承のなかから日本文化の特殊性、日本人の信仰のもっとも日本的なるもの、日本人の生き方のもっとも基層的なるものを明らかにしようとして新しい学問を起こされたのが、いうまでもなく柳田國男であったのです。ですから民俗学というのは、日常茶飯事、私たちの周辺の取るに足りないと思われる些末な事象のなかに、じつは大きな意味がある、それを発見し自覚しようとする学問ということになります。

先ほど「彼岸」を例にとって申し上げたのはほんの一例で、それ以外にも仏教文化にすっぽり染まってしまったと思われるもので、よくたずねてみるとそうではなくて、仏教に影響されない在来の行事のなお残っているものが少なくない。日本文化の特色とか、あるいは日本精神の本質とか、そういうことを論じる文化人や学者は多いのですが、それを具体的に民の生活のなかから理論化発掘するところまでにはいたっていないのです。

ことごとさように、柳田の学問は、それまで日本の学者が考えていた発想とはまったく次元の違う立場からスタートして、見事それをなしとげたという点で注目されるのです。

柳田の教育論

先ほど、明治以来の日本はヨーロッパ先進国をモデルにして近代化の道を突っ走ってきたということを申しましたが、それは教育の面においても同じでした。教育の近代化ということが叫ばれ、明治五（一八七二）年の学制発布によって日本の学校教育は義務制となり、それから一二〇年の間に就学率が実に一〇〇パーセントに近いという世界に冠たる水準に達したのです。これは大変な実績ですけれども、その一方で登校拒否、校内暴力、家庭内暴力などといった深刻な事態も出てきています。私は、柳田が提唱された先ほどのような考え方を教育のなかに採り入れ、それを生かす努力をつづけてきたならば、いまのような教育の退廃、学校の荒廃は起こらなかったのではないかと考えています。つまり欧米先進の教育思潮に先導された日本近代の教育が、民間在来の伝統的な躾けによる人づくり教育を放棄してしまったからです。とくに民間の自治的教育権を官が取り上げたからです。

もちろん、これまでの学校教育では科学教育とか技術教育とかの面では画期的な成果をもたらしましたから、すべてマイナスであったと言うつもりはありません。しかし、人間形成といいますか、心のありようをどうやってつくり上げていくかという点では大きな欠落の部分があったのではないでしょうか。ですから、柳田は教育（社会教育を含めて）の問題についても積極的に発言してこられました。『小さきものの声』という本のなかで、子供の教育をどうやったらよりよく進めることができるかということを論じておられますが、その発言が先生の民俗学の実績・成果の上に立って述べられたことはいうまでもありません。

柳田は民俗学のなかでいろんな業績を遺しておられますが、その一つに言葉の問題があります。社会生活において人びとを結びつける言葉が非常に大事であるとしょっちゅう言っておられまして、

『国語の将来』という本のなかでも、乱れた国語のあり方を検討しなくてはならないと強調しておられます。

今日のようにいたずらに外国語が氾濫して、ちょっと耳にしただけではすぐに飲み込めないような横文字が巷間にあふれています。それは国語が非常に崩れてきたためです。そういう意味では、柳田の言葉に関する提言や洞察をもう一度かみしめてみる必要がありましょう。

民俗語の研究

古くから日本の国で使われてきた言葉があります。もちろん言葉にもはやりすたりがあるのですが、そういう変化の波をくぐり抜けて今日まで残ってきている言葉に、柳田は大きな意味を見出しています。古い時代に使われた言葉は、京都、大坂、鎌倉、江戸というような中心都市においてはどんどん変ってしまいます。それは今日の大都市も同じですが、そういう古い言葉が地方の周辺地域にずーっと伝わっていって、逆に僻遠の地に残っているという現象がみられます。

たとえば、以前に伊豆諸島の調査をしたことがあります。大島、利島《としま》、新島、式根島、神津島《こうづ》、三宅島、御蔵島《みくら》、八丈島、青ヶ島といった島々が連なっています。そのなかでいちばん小さい島が利島です。この島に平安・鎌倉時代に使われた「さぶらふ」言葉がちゃんと残っているのです。今日なら「であります」とか「でございます」という丁寧な言い方の謙譲語ですが、それを島では「そろ」というのです。もちろん「候」からきているもので、いまでも能や狂言で「さんそうろう」「御前《おんまえ》にそうろう」など頻りに耳にしますが、そういう古い言葉が残っているわけです。

そういうふうにして現在残っている古語は、ある時期には一般的に使われていた言葉なわけですから、日本中に残っているそういう言葉をずーっと並べて展望してみますと、古い時代に使われた言葉が今日までにどのように変化してきたか、その推移を跡づけることができます。

同時に、言葉のなかにはそれぞれの時期の民俗を表現しているものがあります。人々は言葉によって自分たちの生活とか、心情とか、習慣とかを表現してきたのですから、言葉とその変遷をとおしてそれぞれの時期の民俗を明らかにすることができるわけです。これも柳田が編み出した研究方法の一つでした。先生は日本各地の方言（先生は「民俗語彙」とよんでおります）をくまなく調査されましたが、それはこの民俗語のなかに習俗が凝集されているとお考えになったからでした。民俗語の研究をはずしては民俗学の研究はできない、というくらいに重視されたのです。それによって、日本の歴史あるいは文学の研究に新しい光があてられることになったのでした。その一つの例として、先ほどあげた「なかんざし」について少し説明を加えてみましょう。

3 なかんざし考

「なかんざし」の「なか」は、先ほども言いましたように彼岸の中日《なかび》の「中」でしょう。そして、「なかんざし」の「ざし」は言葉を繋げる場合の濁音化ですから、もとは「さし」であったと思われます。ですから「なかんざし」は「なかのさし」。そうすると、その「さし」というのはどういう意味かということが問題になってきます。

この「さし」という問題に取り組むことになったのも、柳田との出会いがきっかけでした。そこで、横道にそれるようですが、まずその話をさせていただきます。

柳田との出会い

私は大学で文献中心の史学を勉強したのですが、どうも文献だけでは日本歴史の本当の姿を明らかにすることはできない。たとい筋道をつけ、骨格をつくっても、それに肉をつけ血を通わせて生き生きとした歴史像を復元することはできないのではないか、そういうことで苦労していた時に柳田にお目にかかることができたのです。もちろん先生のご著書には早くから接しておりまして、それに目を開かされて成城のご自宅をおたずねしたのです。

柳田は専任の教師として大学に籍をおかれたことは、後にも先にもただ一度しかありません。それは、戦後すぐに占領軍によって神道が抹殺されようとし、国学院大学が存亡の危機的状況に陥った時に、招かれて大学院の教授になられたのが最初で最後でした。それも軌道に乗るまでのほんのわずかな期間ではありましたけれど。

先生は大学へは出講されないで（はじめのうちは行かれたようですが）、自宅の書斎に大学院生を集めて授業をしておられました。そこは「民俗学研究所」になっていて、私も理事の一人として非常勤でつとめていたのです。その大学院の授業に私も一緒に傍聴するように、そして何か意見があれば言うようにとの仰せがありましたので、院生と一緒に勉強させていただいたのです。これは私にとって非常に大きなプラスになりました。学恩を受けた点においてはとても数えることはできないのですが、講筵に列しじかに民俗学に対する先生のお考えをおうかがいすることができたのは、何といってお礼を申し上げてよいかわかりません。私にとっては大きな幸運だったのです。

私が柳田の門をたたいたのは昭和二十二（一九四七）年。敗戦直後でしたが、先生は私の出身地をたずねられたうえで、そこにはどういうような民俗学者がいて、どういうふうに研究が進められているかという話をして下さいました。そして、「談話会に参加したまえ」と言われました。一般の民俗会員のなかの、主として東京在住者だけを集めて、毎月一回先生の書斎（のちに民俗学研究所）で研究会が開かれていまして、これを「談話会」といっていました。それに参加せよとおっしゃったわけですが、はじめは、「君の郷里の民間伝承を報告したら」とか「ここにこういう本があるから、これを読んでこの次の研究会で紹介したまえ」などと宿題を与えられました。一所懸命にしらべて、はじめて会で発表したのが、初めにも申しました「彼岸」の問題だったのです。

私の幼少期体験をもとにしながら、いくつかの文献も調べて発表したのですが、先生は「これは大変大事なことだ。亡くなった先祖が家に帰ってくる時に門火を焚いたり、あるいはお墓で迎え火を焚くのは普通はお盆の行事だ。盂蘭盆にはたいていの地方で宗派の別なく迎え火を焚くけれども、それを彼岸に行うのは全国でもほとんど類例がない。大変貴重な報告である」とおっしゃいました。そして、学会で毎月一冊出している機関誌『民間伝承』に私の報告が掲載されることになったのですが、これが民俗学に関する私の処女論文になりました。

柳田の門弟教育

現在の大学では、大教室に学生を大勢集めて、その前で教授がマイクで話すといった光景が普通に見られます。あるいは、教授が自分の志向に従って一方的に学生を指導する傾向が強いようです。それにくらべて柳田の教育方法は、各自の個性、出身地域、そして研究志向などを十分に考えたうえで、当人にふさわしく、かつ努力価値のある課題をそれぞれ個別に与えていくという、私塾的な個人指導の仕方をとっておられたわけです。

そういう傑れた先生の直接指導をこうむることができたのは、何よりの幸運だったといえましょう。のちに大学の教壇に立つことになってからも、講義には必ず草稿をつくって眺め、同じことを繰《くり》返すでない、との教訓とともに守り続けてきたことでした。この点については、『定本柳田國男集』第一九巻の月報に「先生の門弟教育法」という一文を草させていただいております。

このように先生はその時その時に、問題となってくるポイントをちゃんとおさえておられて、それを私たちに指導して下さったわけです。私の彼岸についての発表では「なかんざし」というところに注目され、「この『さし』という言葉は非常に大事だから、注意して調査・研究したまえ」とおっしゃいました。そこで、いろいろと調べてみたのですが、これは想像した以上に重大な問題で、今日なお確信をもって回答することができない状況にあるのです。まことに情けない次第ですが、あちこち調べてまわった末の一つの推論を申し上げてみたいと思います。

山参りの「さし」

先ほども申しましたが、民俗学の言葉というのは中央よりも地方に、それも鳥も通わぬ離れ島とか、谷川をさかのぼり峠を越え、そのまた奥の山村などに残っている例があるわけで、私も「さし」の疑問を明かそうと僻《へき》遠の地を歩きまわったのです。鹿児島県の出水《いずみ》郡というと、もう熊本県の水俣市に近いところですが、そこに大河内《おおかわち》村という山村がありまして、そこで調査をしましたところ、この村では彼岸の第一日、つまり彼岸の入りのことを「さし」といっていることがわかりました。そしてその日、土地の人たちは山へ登って「山参り」をするというのです。東播の地方でみられたように「東の方に向かって」ということではないのですが、とにかく「山へ参る」ということです。これはじつに重大な意味が含まれているのです。

仏教では人が死ぬと十万億土の彼方、呼んでも答えるどころか、見当もつかないような遠いところに行ってしまうと説いています。けれども、そういう冥界観は日本人には本来はなかったようです。死者はだいたい山裾の墓地に葬られ、やがて死霊となって山を登っていき、山頂あるいは山中にとどまる山中他界観が本来の日本人の考え方でありました。そういう死生観を提出されたのが柳田でした。「日本人の霊魂は死してのち山中にとどまる。だから他界は、仏教が説くがごとく彼岸の彼方というようなものではなくて、すぐ手前のところにある」とおっしゃっているのです。そして、ご自分も死んだらそういうところに葬ってもらいたいと遺言なさったとまでいわれています。

そういうわけで、山は祖先の霊魂、死霊がとどまるところですから、大河内村で彼岸の入りに「山参り」をするということは、やはり東播での「ひむかえ」「ひおくり」と同じ意味をもっていると考えてよいと思います。

祭りと「さし」

京都府天田郡川合村（丹波国。現、三和町）の氏神に大原神社というのがあるのですが、この神社の祭礼日が三月二十三日、つまり春彼岸の中日なのです。そして、そこへお参りに行くことを村では「おおはらさし」と呼んでいました。それはまた「おおはらまつり」とも呼ばれていましたから、そうすると、「さし」＝「まつり」ということになります。また別に、春の彼岸を以前は「はるさし」と呼んでいたと古老は言い伝えています。

　春の彼岸に大原神社にお参りした村人たちは、神社から小石をもらってきて、それを蚕の棚に置いたそうです。もちろん養蚕が栄えた時代のことですが、そうすると蚕は悪い病気にかからず、ちゃんと四眠を経て立派に上蔟し、いい繭を作ってくれるという信仰がありました。つまり蚕神信仰です。そして秋になると、秋の彼岸（あきさし）にその小石を神社に納めに行くのです。いずれにしても、ここ川合村（現三和町）では神社にお参りすることを「さし」といっていたわけで、これは注目されてよいことではないかと思います。

　もう一つ例をあげましょう。岐阜県の山奥、飛騨の山中に行きますと、年の暮れに大黒舞（あのへんでは「まいまい」といっています）という旅芸人がまわってきます。門口《かどぐち》で寿詞《よごと》（祝いの言葉）を唱え、来年もその家が繁昌するようにと「まいまい」を躍り、門付けして歩くのです。いずれの家でも年の暮れになりますと、訪れてくる年神様をうやうやしく家のなかに迎えいれ、家の戸口を全部閉めるのが通例です。そして年取り魚を食べて年を越すことになるのです。けれども、この地方では「まいまい」が来るというので逆に家の戸を全部開け放つのです。

「まいまい」は家々をまわって、その家の守り札を門口に差していきます。それを「正月さし」とよんでいます。これは『嬉遊笑覧』という文政年間の書物にも載っていますから、江戸期にさかのぼることはわかります。しかし、それをどうして「正月さし」というかが問題です。あるいは守り札を門口に差すから、その「さす」という動詞が名詞化して「さし」になったとも考えられます。しかしこれだけの説明では何としても腑《ふ》におちません。福井県遠敷《おにゅう》郡国富村でも、氏神の栗田神社へ参拝することを「さし」といっていましたし、その他、若狭の各地で神社の祭礼に参加することを「さし」とよぶ例が少なくありません。

私の手もとに集まっている資料はだいたい以上の程度ですが、さらに調べを進めたら、まだまだたくさんの例証が挙がると思います。まとめてみますと、神社に参拝する「さし」と、彼岸に先祖の霊をおまつりする場合に用いる「さし」との二つに分かれます。これはおそらく、もともとは日本人が神参りの時に「さし」という言葉を使ったのであって、のちに仏教が日本に入ってきて彼岸という行事が広く一般化し定着するようになった段階で、それを流用して、「さし」という言葉を使ったのだろうと思われるのです。いずれにしても神霊の祭儀を指す点で一致しています。

二つの「さし」

そうすると、私の郷里の「なかんざし」の「さし」はその両方にわたっていることになります。そして、なかんざしを「めされ、めされ」というのは「おあがり下さい」ということですから、「なかんざし」は何かご先祖様に供えた供物をさしているのは明らかでしょう。つまり、彼岸の中日に何か特別なお供え物を作ってご先祖に差し上げた、それを「なかんざし」といったのでしょう。そういえば、彼岸にご先祖にお供えするものは、各地でいろいろと決まりがあったようで、「いりのぼたもち、なかだんご」とか「はてのおはぎ」などというように、彼岸の入りと中日とでは差し上げるものが違っていたようです。そうすると私の郷里でも「なかんざし」のほかに、「いりざし」「はてざし」という慣行があったのかもしれないのですが、その言葉は残っていないのです。

だいたい以上のことはわかってきたのですが、それではなぜそういう供え物を「さし」というのか、これがよくわかりません。昔、魚や鳥を贄《にえ》として神様に供える時に、これらを串に刺して差し上げるという仕法がよく行われました。この「さす」が「さし」になったのかもしれません。あるいは、天保銭のような穴あき銭を藁や糸に通して一くくりにしたものを古く緡《びん》、銭差《ぜにさし》といいました。貨幣経済が発展して神様にもこの銭差を一さし、二さしと差し上げるようになった、そこから「さし」という言葉が出たとも考えられます。あるいはまた、昔は米がとれるとそれを俵に入れて貯蔵しましたが、その米の品質を調べるために先の尖った竹や金具を俵に刺して、出てきた米の粒を見て等級づけをしていました。その「さす」が「さし」になったのではないかとも考えられるのですが、しかしこれは神様に供えるということとは関係がないから、用法の違いは歴然としています。

もう少し「さし」の例を見てみましょう。私の田舎の越後では正月になると、どんな小さい子供でも正月魚である塩鮭の一切れ串に刺して焼いたのを頂くのです。めいめいの箱膳にちゃんと大きい皿にのせてあるのです。山村ですから、いつもは川魚などほんのかけら程度しかいただけないのですが、正月になると珍しい大きな浜の魚がもらえるというので大変うれしかったことをおぼえています。家のなかに恵比須・大黒様をまつって、その恵比須・大黒様には「一の切れ」を切って供えます。そして「二の切れ」は戸主がもらい、「三の切れ」は長男がもらう。あとは母親や二男、三男が年齢順にもらうのですが、恵比須・大黒様に差し上げる「一の切れ」は「一のさし」ともいうのです。これも神に対する供え物という意味で特に「さし」と呼んだのかもしれません。

神楽や能楽などでは、社寺の祭礼や法会の後宴《ごえん》に奉納される例がよくあります。そのとき演出される曲目を「さし」と称します。吉野を逃れた静御前が鎌倉につれてこられ、鶴岡八幡宮の舞殿で所望されて舞ったという話が伝えられています。それはいかにもあでやかで、えもいわれない雅やかなものであったというのですが、静御前は「一差《ひとさ》し舞いを舞いもうそう」と言われたとのことです。二つ舞えば「二差」かというのも問題ですが、いずれにしても神様に奉納し献進するものの個数を示すために「一さし」「二さし」という語が使われたのではないでしょうか。

以上のように、「さし」というのは日本人のカミ信仰と深い関係にある言葉なのです。そういう一見些細な事象から日本人の信仰のあり方、先祖に対する崇敬な念とか奉仕の態応などを明らかにしようとする、そこに民俗学の基本姿勢があると考えられるのです。

4 柳田民俗学に対する批判

柳田が開いた民俗学、その学問上の体系は、在世の段階ですべて完成の域に達したというわけではありません。ほんのわずかな例をあげただけですが、前人未踏の卓見にもなお明らかにすべき問題はのこっているのです。したがって、今後の民俗学はやはり柳田の衣鉢を継ぎながらも、そのような未解明な分野を解明し新しい領域を掘りおこしていく努力を忘れてはならないと思います。

柳田論の氾濫

ところが、最近の民俗学の風潮はどうかというと、どうも柳田が考えておられた方向に進んでいないのではないかと思われるのです。ここしばらくは、柳田ブームだとか、民俗学ブームなどといわれておりまして、柳田に関する本を書きさえすれば売れるとか、柳田に反論しさえすれば世間が注目してくれるというので、いたずらに柳田論の氾濫といってもよい傾向がみられます。それも結構かと存じますが、問題はその内容だと思うのです。

これはマスコミの一部にも責任があるのですが、新奇ごのみというか、はた判官びいきとでもいいましょうか、名の高いもの定評のあるものには楯つきさえすればそれだけで反響があるかのような、そういう風潮がないわけではない。これは問題です。もちろん、学問というのは、偉大な学者の教説に唯々諾々と従っているだけでは決して発展するものではありません。本居宣長は有名な『うひ山ぶみ』のなかで「師の説にななずみそ」、ただ師の説を守っているだけでは駄目だと述べていますし、柳田もまた、自分の跡を追ってくるだけでは意味がない、新しい領域を開拓せよ、そのために一途に研鑽せよと絶えず強調しておられたのです。ですから、反論・批判は大事なのです。問題はその内容であり論旨であります。それに対してどう対応するか、というところにあるわけです。

そこで、柳田民俗学に対する批判に少し踏みこんでみましょう。

まず、「柳田は反近代化論者である」という批判があります。世の中はどんどん進んでいる、近代化していっている。ところが柳田は「固有信仰」などといって古いものばかりを重要視する。だから彼の学問思想は前進する近代化に反対する方向へ学問を進めようとする保守派だ、というわけです。これはとくに近代主義者＝モダニストの立場からの批判で、いまではやや下火となりましたが、一時はたいへん熾烈で、日本の政治思想史を専攻するほとんどの学者、あるいは発展段階説の経済学者が声高に叫んでいた批評です。

また、彼らはこうも言っています。柳田の民俗学は国学（新国学）を基盤にすえてナショナリティを強調する文化学である。つまり、日本文化の特色とか、日本人の本来の信仰は何であるとか、そういう究明を自民族内の限られた資料によって構成しようとする鎖国主義に陥っている。地球規模の人類的普遍的なものを見ようとしない。だから柳田はかたくななナショナリストであり、その考え方はナショナリズムである、と。こういう批判はグローバル・スタンダードの色合の強いインテリ文化人のなかに結構多いのです。

柳田と近代化

しかし、ここで問題にしなければならないのは、近代化というのはいったい何なのか、ということです。欧米の近代化を模倣しそれをモデルにして、日本がそれに近付いていくことがモダナイゼーション（近代化）なのかというと、それだけが唯一の道ではないと思います。ヨーロッパの近代化は彼ら自身の歴史や風土や社会のなかから生み出されたものなのです。産業革命にしても、民権思想にしても、民主主義にしてもすべてそうです。これをそのまま、異なった風土と歴史をもち、異なった精神構造のなかで形成された日本のばあいに適用していいのか。そのまま模倣してしまったのを、それだけで「近代化」だといってよいかという問題があります。

そこで、私たちは「近代化論再検討研究会」という組織をつくって、いろいろと研究したのです。その結果、『思想の冒険』（筑摩書房、昭和四十九年）という報告書を出版しました。その結論をかいつまんで申しますと次のようなことです。

ヨーロッパモデルの近代化をそのままただちに日本の近代化に適用するのは誤りであり、逆に大きな傷をつくることになりかねない。たとえば、中国には中国自身の近代化があると考えてよいのではないか。中国の社会主義は、ヨーロッパの社会主義そのままではないでしょう。学問の世界でも中国の東洋医学などは西洋医学に匹敵するほどのレベルに達している。あのような高度の科学が形成されるにいたったゆえんは、中国の長い歴史のなかで成熟した学問・科学という土壌があり、その上に立って切り開いてきた独自の道ではなかったか。そのように主体的に進められた「近代化」というものがあったにちがいない。だから、韓国にも独自な近代化があり、日本にも「日本の近代化」というものがあってよい。もちろん、外国にはいっさい見向きもしないという偏狭なナショナリズムはとるべきでないけれど、日本の社会に適した、日本の国情に根ざした独自な近代化への道というそれこそを、私たちは創案すべきものではないか、というのが私どもの考え方なのです。

柳田学の欠落部分

また、柳田民俗学にはいろいろの欠落部分があるといって、空白の領域をあれこれとあげつらう論もあります。神ならぬ身であるから、いかに柳田といえども完璧であるとはいえません。解明されなかった問題や領域がまだまだあることは先にも申し上げたとおりです。しかし、この点は直ちに承認するわけにゆきません。指摘されている点は、たとえば次のようなことです。いわく、「柳田民俗学は天皇制に少しもふれていない」「被差別部落の問題を極力避けている」「セックスの問題はまったく取り上げていない」。あるいは、「柳田は農村や漁村、山村中心の民俗学であって、都市の民俗学に手をつけていない」等々、つまり、ないものねだりをしているわけです。

しかし、柳田の著作をよく読んでみますと、天皇制にふれていないということはないのです。天皇のあり方が日本の民俗にとってどのような意味があったかということは、『日本の祭』や新嘗の研究などでちゃんと述べておられるのです。それを見ないで「天皇制論がない」というのでは、それは単なるイデオロギーの立場からの批判といわざるをえないでしょう。被差別部落、被差別民の問題も同じで、『山の人生』など各処でたくさんふれておられます。

ただ、セックスの問題については確かに語るところが見られません。今日われわれの周辺で異常に氾濫している性情報に発言するような形で直接言及してはいませんが、もっと深い位層からとらえようとしていたように思います。たとえば、女性が日本の歴史・社会のなかでどういう役割を果たしてきたか、また果たすべきかということを、女性のもつ霊能の力、共同体内のレーゾンデートルから高く評価する論説は決して少なくないのです。『妹の力』や「巫女考」、そして女性民俗学研究会の創設などは今日フェミニズムを論じる人たちの姿勢とは違った深い考えを示していると思います。

だからこそ、柳田に対する海外の評価は非常に高いのであって、私が知る限りでも多くの柳田國男研究者が来日し、とくにアメリカやヨーロッパの学界では幾多のフォーラムが組織されて研究報告が出され、著論の数も少なくないのです。みずからとは異質な日本の近代化の躍進と成功は彼らにとりまことに脅威的で、その原因を欧米とはかなり違った日本的思想にあると考えました。そして、それに着目したのが柳田國男の日本民俗学なのだという発想から、柳田を通して日本の思想文化の特質や近代化を把握しようという傾向が強くなってきました。日本の方が逆に刺戟されて、遅まきながら柳田の再評価をこころみたのです。柳田ブームにはそういう風潮がないわけではありません。

柳田に対する理解不足

ところで、柳田民俗学がもっている欠陥に対して種々の批判が出るのは、私をして言わしめれば、そのなかに柳田民俗学に対する理解の不十分さが存在するからではないかと思われます。その意味でも、いっそう柳田を研究しなければなりません。たとえば、柳田は自然と人間との関係について非常に深い思いを寄せていまして、『野鳥雑記』や『野草雑記』では野に生きる鳥獣や草木魚虫という自然環境に鋭い眼を向け、人間と動物、植物の世界とのかかわり合いをうまく調和させねばならないと説いておられます。今日でいえば共生、公害の問題、あるいはリゾート開発による緑の破壊、環境問題にすでに先鞭をつけているのです。

それから、柳田の民俗学は単系民俗論であるという批判もあります。一つの要素がどのように変わってきたかということばかり言っている。文化というものは本来複合的に形成されるものであるから、それを一本の糸筋で説明しようとするのには無理がある、というのです。また、こうも言っています。文化のなかには外国から入ってきたものがたくさんふくまれている。だから、日本文化の独自性を余り強調するのはどうであろうか。日本人の信仰の固有性、つまり日本人の本来の信仰を一つにまとめて論じるなどというのは偏見にすぎない、と。

しかし、これもその著作をよく読んでもらえばわかることですが、言われるごとく日本民族が単系であるとか、日本文化が一つの糸筋で形成されているなどとは決して言っていないのです。一見そのように見える記述も、複雑にからみ合っている事象をわかりやすく説明するための方便であることは、著論を実際に読みこなしていただければおわかりになると思います。

こういう柳田民俗学に寄せるいろいろな批判や異論を謙虚に検討し、吸収すべきは吸収しながらこれからの民俗学を進めていかなければならないと思いますが、もう一つ、柳田自身が残した仕事をどうやって築き上げていくか、そのほうが大きな課題であり建設的だと思うのです。

柳田民俗学の狭さ

また柳田批判の話に戻りますが、柳田は一国民族学、つまり日本国内の民俗だけを考えた、それだけでは不十分ではないか、もっと広く諸民族の文化との比較において日本文化の特徴、日本民俗の特色を考えるべきではなかったか、という批判があります。これについては答ははっきりしています。他民族との民俗文化の比較研究を拒否したのではありません。それは大事であるけれど、まだその段階にいたっていないと判断されていたのです。日本国内の民俗事象そのものが十分に解明し尽くされているとはいえない時点で、いきなり周辺諸民族との比較を試みても成果はえられない、その前に、まず自国の民俗を明らかにしようとし、それを生涯の課題とされたのです。いまもし柳田が存命ならば、真っ先にわれわれを叱咤激励されて、この比較民俗論へ向かって進軍するよう大旆を振られたに違いないのです。私自身が現在、シャーマニズムの問題を比較民俗学のアングルから解明しようと努めている根拠も、それから導かれています。

5 新しい民俗サイクル論

以上いろいろ述べましたが、もっとも大事なことは、柳田が創めた独創的な民俗学の体系に対して、後学の民俗学者自身が、これをどのように進めていくのかという問題こそが、もっとも緊急な大課題であるかと存じます。この二年間（一九九〇〜九二年）でも、柳田に関する評論は十数冊ほど出ているでしょう。批判に関してはまことに熱心なのですけれども、この点に関して論じたものは皆無とまではいわないにしても、ほとんどないといってよいのです。そこで最後に、この点について私自身の考え方の一端を申し上げてみたいと思います。

生活のサイクル

われわれは自然の摂理にもとづいて一定のサイクルを保ちながら日常生活をおくっています。生きている限りそのリズムを無視することなどできません。図7は、その生活のサイクルの推移を図示したものです。生命を保つためにはまず消費財の取得が必要です。食料や衣類が必要ですし、住むための家も欠かせません。そこで人々はそういう生活財を得るための労働に励み生業を立ててきたわけです。大昔は直接に消費財を取得するために、野に出て働き、山に入って狩りをしました。あるいは、山草や木の実を取ったり、磯辺の貝や海藻を拾ったりして食料にしていました。こういう採集漁撈の原初時代には、消費と生産とが直結する自給生活だったわけです。しかし、消費と生産の関係は、資本主義経済の段階でも原則的にはつづいています。

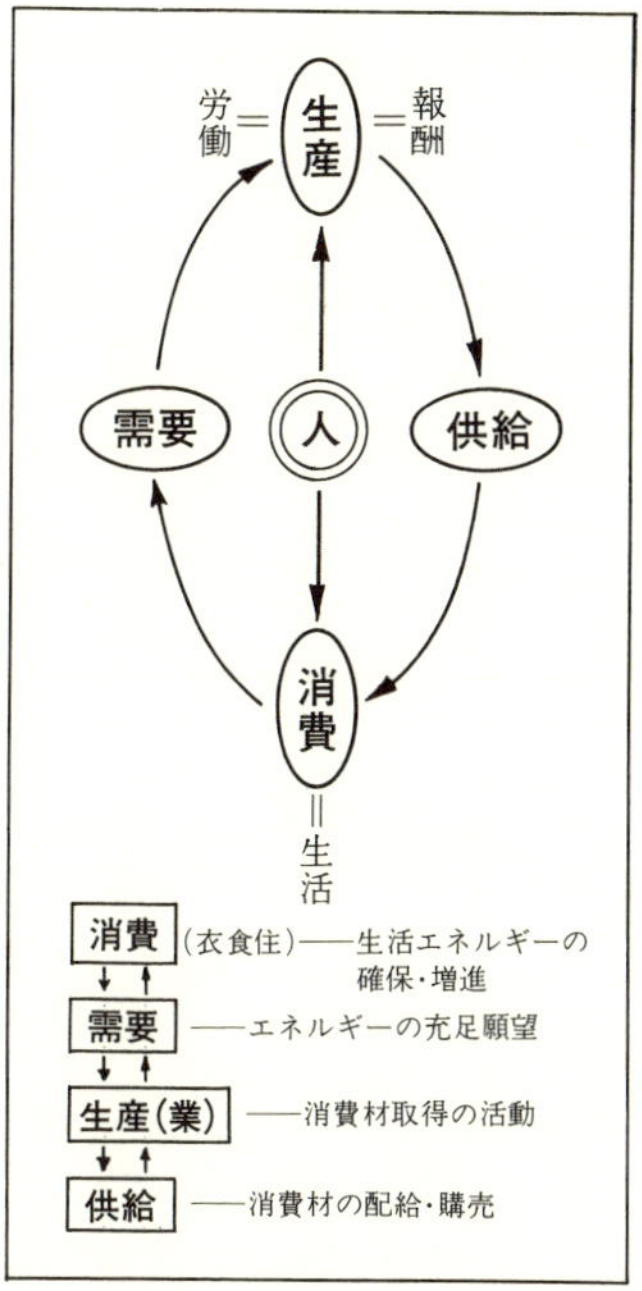

図7　生活のサイクル

この原理は家、同族、さらに共同

体など人間の集団生活においても同様です。そこでも自給経済が成立していました。また強力な相互扶助の社会倫理が生きていました。たとえば火災や洪水で家を失った者に対しては、村じゅう総出で手伝いに行って家を建てたものでした。もちろん手弁当でした。そういう共同体の相互扶助の生活が展開されていました。そこでも生産・消費のサイクルは生きていたのです。

しかし、人間は同じ消費生活を営むにしても、常によりよき生活を望みます。もっと広い家に住みたいとか、さらに立派な着物を身に着けたいというように、より高い生活レベルを求めるわけです。そうすると、そのレベルアップした生活ニーズに即応するために、より高次の生産が需要されることになります。衣類にしても、昔はお母さんやおばあさんが綿を摘み繰綿にして、績《う》んだ染め糸をいざり機《ばた》に織る。そうして全家族の需要をみたしていたのです。だんだんと時代が進みますと、生活が分化（デファレンシエート）してきます。やがてより美しい柄の着物、よりしなやかな生地の衣類、より住みやすい便利な家屋が望まれるにつれ、要望に応える形で技術が向上し、さらに専門の技能職人が現われ、分業化が起こってきました。

この分業化は時代とともに進展し、産業革命を経て資本社会主義になりますと、つい極限にまで進み、製糸業、紡績業、製材、建設業などの専業化がみられ、さらに細かくネジを作るだけ、鉄骨を造るだけというように細分化していきました。そしてそれらを相互に結びつけて多量生産を行う近代的工場が成立してきます。そうなると、多くの人びとはそこで働く労働者になり報酬を受けて生計を立てるようになります。そこで得た賃金で商店やデパートで生活財を購入するようになります。とくに流通経済が今日のように発展してきますと、暮らしの様式は大きく変わります。私の郷里のような豪雪地帯では、以前は雪に埋もれた小半年は青い野菜などまったく口にできませんでした。そのようなところでも、いまでは小さいスーパーマーケットができまして、暖地から物資が運ばれ、そこへ行きさえすればホウレン草でもトマトでも何でも手に入れることができます。そのように、人間の生活は著しく変化してきました。けれども、生活サイクルの原理は基本的には変わらず、図示のとおりに進んでいるわけです。

民間信仰の機能

以上は生活の物資的な側面ですが、人間にはもう一つ重要な「心」の領域があります。そこで次にその問題に入って、民間信仰の機能を考えてみたいと思います。個人の信仰は自覚的信念体系によって定まるので、宗教心理学の対象となり学問上のメスが入れられています。しかし、暮らしの原理をさぐる民俗学では個人よりも家とか地域共同体が中心となり集団的表象を重視します。そこで生まれた信仰、つまり民間信仰がクローズアップされましょう。図8はその様相を示したものです。

実線の大きな円は人とその住家とがつくる集団、つまり居住空間を示します。普通、ムラとかマチとかよばれています。そこには神社やお寺、あるいは観音堂、地蔵堂、薬師堂、庚申塔、二十三夜塔、

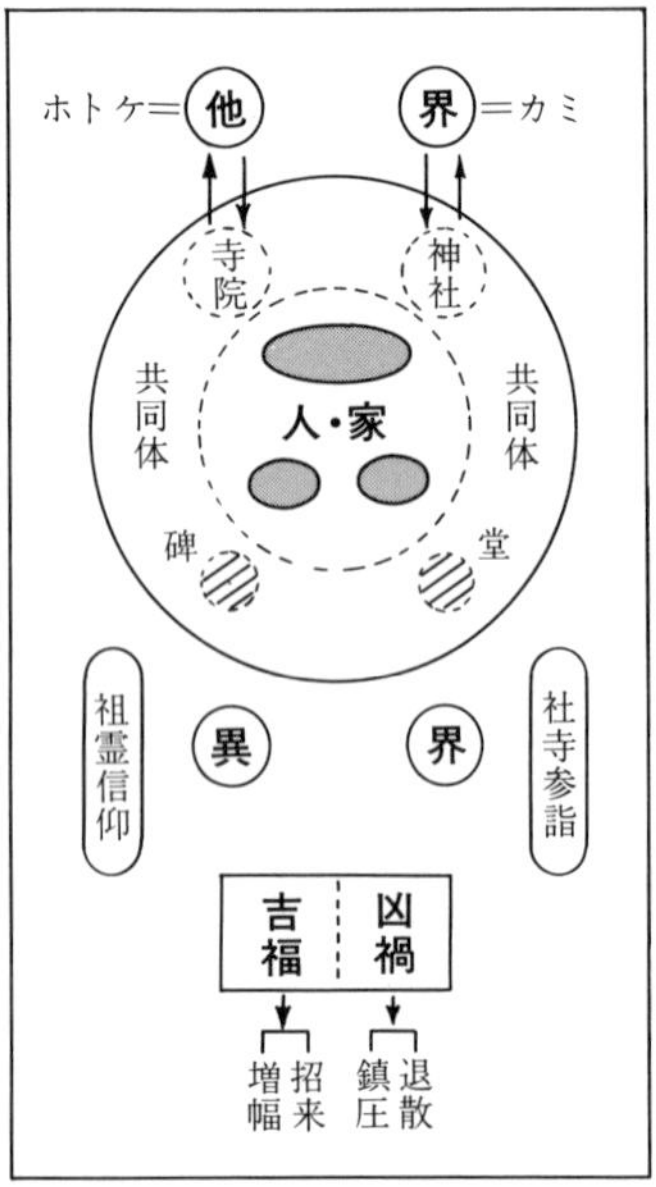

図8　民間信仰の機能

水神碑など信仰の拠点がありました。人々はそこで何を願ったかというと、もっと暮らしが豊かになるように、もっと幸せになるようにと「吉」「福」を祈ったわけです。そして「凶」「禍」、つまり不幸や災難を避けようとしたのです。悪い病気がはやったり、火事が起きたりしないように神仏に祈願をする。たとえば、昔は疱瘡（天然痘）にたいそう悩まされましたから、悪疫が村へ入ってこないように、これを居住空間の外へ追い出すために、多くの宗教的対象に祈りをこめました。あるいは、稲がよく生長しないとなると、病害虫を駆除するために「虫送り」を催しましたが、いずれも共同体の外へはじき出すという形がとられていました。

　ところが、それだけでは十分といえない、いくら祈っても禍厄に見舞われる。そうなれば、在地の神仏を越えるより強力な霊験力にたよるほかはない。というので、人々はこの円の外、つまり「外界」「異界」へ出て行って、そこにある神社や仏閣に詣でてお札をもらったり、いろいろの霊験のしるしを請《う》けてきて、それを田や畑に挿すとか、門口に祈禱札を貼る。あるいは、共同体の外へ出て行って超越者―神・仏―の呪力を求めるようになります。より霊験の高い、より宗教力の強い神仏がムラやマチなどの共同体の外側に実在すると判断したからです。そこで伊勢参り、住吉参り、大峰参り、熊野詣で書写山参りなどが盛んに行われるようになります。このように人びとの信仰は、家の神・屋敷神・地域神・寺社↓他（異）界神↓ムラ↓イエのプロセスを辿ることとなります。心の安定、信仰の側面ではこういう一つの循環―サイクル―がみられるわけです。もちろん心の問題はきわめて複雑で何も信仰に限られるものではないのですが、ここでは民間信仰のパターンを例に見てみました。

さて、循環、つまり生活の物質的な側面からくるサイクルと、精神的側面からのサイクル、この二つのサイクルが重なり合って民俗のサイクルというものが形成されていると私は思います。ここがいちばん大事な点で、私が強調したい最大の核心なのです。

民俗サイクル

図9の真ん中に小さい二重丸があって、そこに「ケ」と書いてありますが、それは人間の日常生活を民俗語彙《ごい》で示したものです。日本の民間では、働くことも食事も休眠も、ふだんの暮らしはみなケのなかに含まれています。日本では古来、労働も衣食住の消費生活もふくめて、ふだんの日常生活をケといいました。日常生活を維持していくためには、衣食住を保全する消費材を必要とします。そのために労働をすればおなかが減り疲れが残る。だから栄養をとらねばならないし、夜には休息しなけ

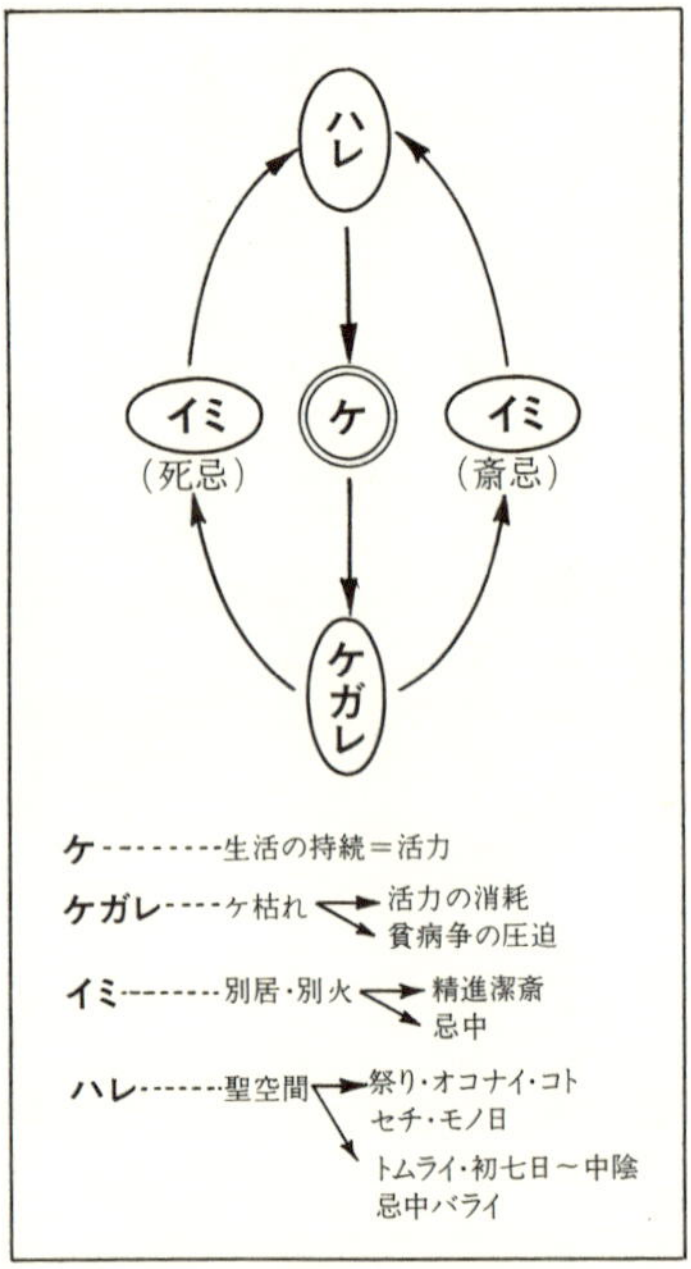

図9 民俗のサイクル

ればなりません。それが長くつづくうちにどうしても生活の活力が衰えてきます。つまりケは精気、根気、元気、気力、などの気と同じ日本語で、活力の根源、エネルギーをさします。そのケが活力を失うと気力が衰えてきます。その状態を日本語ではケガレと称しました。活力を喪失すると「ケガレ」状態になります。「ケ」が枯れてしまうのです。日常の活力を保つするエネルギーの「ケ」が枯れてくると、心身の抵抗力を失い禍厄に襲われ病気に罹り、ひどい場合には死にいたるかもしれません。それは困る。ならばどうすればよいか。ここからが大事なのです。

柳田は日常の「ケ」に対して「ハレ」というカテゴリーを持ってきて、両者の関係を論じています。ハレは行事や「祭り」です。人間の暮らしは、この「ケ」と「ハレ」の両面がうまくリズムをとってくり返されている。「ケ」と「ハレ」とが互いに交替し合いながら展開してゆく。そのように説いているのですが、これは、たいへん卓抜した民俗論でありました。私はこの点をもう一歩展開してみたいと考えて、ハレとケの二項を回転させる契機にケガレを介在させて考えてみたのです。「ケ」が枯れた「ケガレ」の状態とは、あたかも冬至に太陽の光が薄らいで、地球がいまにも滅入ってしまいそうな、ああいう状況を想像すればよいかと思いますが、それをもとのエネルギーが満ち満ちた「ケ」の状態に戻す作用が必要になります。それには太陽の光を復活する立春の歳時儀礼が必至となってきます。立春の季をへて、徐々に陽光は光暉をまし、新春を迎えて、やがて万物は蘇生し、躍動の生長期を確認できるのです。

人間は、暮らしの推移が同様の理法にさからうことなく進むべきことを、永い経験のすえに発見したと思います。「ケガレ」の枯渇状態に陥りにっちもさっちもゆかない、意気消沈した生命は、事態転換契機を求めて、祭りや行事を営むのです。そして、それを節目にケガレは退転し、新鮮なエネルギーを獲得するのです。そのためには一旦「ハレ」の空間のなかに身を投げ込まれなくてはなりません。年中行事や通過儀礼などが設けられた理由です。「ケ」の空間を、「ハレ」の空間に変えなければならない理由です。

そこで、まず村人全体を「ケ」の居住空間から外へはじき出してしまう。たとえば別居別火の生活をもとめて、精進潔斎させるのです。昔はそれを「物忌み」といい、一ヵ月も長く行ったという古例がありました。最近でも祭りの前日には「御籠り」しなければならない規制があって、家族から離れて、籠り屋とか氏神の拝殿でひと晩過ごします。それを宵宮とよんで守っています。しかし村人全部ではなく、頭家《とうや》とか宮総代《みやそうだい》などの代表者ですます簡略化がみられます。いずれにしても精進潔斎の生活を守らなければいけないのですから、食物上の禁忌、四つ足の獣類や魚、鳥の肉なども口にできません。沐浴して身の「穢れ《けが》」を祓ってはじめて、祭りの当日には晴れて神前に出ることができるわけです。「穢れ《けが》」の状態では神祭りはできないのです。

祭りというと、いまでは「ワッショイ、ワッショイ」と神輿《みこし》を担いだり、山車《だし》を曳いたり、カラオケ大会をやったりといった、いわばイベント的な側面が中心のように見られていますが、本来はそうではないのです。精進潔斎をした氏子一同、のちには全員ではなく、氏子総代とか頭家とかいわれる村の代表者が神前に進み出て、厳しい修祓を受けて神事に奉仕するのです。本末の顚倒も甚だしいというべきでしょう。

ハレの祭りで重要なのは祭りの神事です。一つは、巫女によって神子《みこ》舞いが行われます。いまでは巫女は鈴を振り、檜扇を執って舞うのみですが、昔は笹の葉とか榊などの常盤木《ときわぎ》、のちに御幣《ごへい》木を振って舞っていました。そうして舞いがクライマックスに達すると、神がのりうつり、神の声が巫女の口をついて出て、吉凶禍福を託宣したのです。稲のできぐあいとか、台風が来るとか、火山が爆発するとか、悪病がはやるとか、そういう天変地異などを予言します。それは村人にとっては大変大事なことなのです。その託言をきちんと記録しておいて、そういう不幸や被害にあわないよう神に祈ります。あるいはもし起こったとしても被害が少なくてすむように、なんとかして災難を切り抜けようと神助を祈請するわけです。今年は早稲を作った方がよさそうだとか、中稲がいいとか、奥稲はどうもよくなさそうだとか、いろいろと託言があり、それに応じて知恵を働かせるわけです。養蚕では、春《はる》蚕《ご》がいいか、夏蚕《なつご》か秋蚕《あきご》か何れかと予断を求めるなど、いろいろと工夫を凝らすのです。

もう一つ、ハレの祭りでかならず行われるのは、降臨した祭神と氏子とが一緒に食事をする神儀です。つまり神人との共食神事です。これは日本の祭りでは最も重要視された神事でした。ところがいまではこれも簡略化されて、神酒《みき》を回《ま》わし飲んだり、赤飯の一口ぐらいですませ、ほんの体裁だけでごまかしています。けれども昔はそうではなくて、神前に供えた海幸・山幸・野の幸の神饌を、降臨した祭神と同席のうえ、ともにいただいた厳粛《げんしゅく》な神事でした。神饌《しんせん》には神霊が憑入されていますから、それによって活力にみちた妙《たえ》なる神の霊力が氏子に与えられるのです。すると氏子のケガレ現象は消滅し、かわって生のエネルギーが賦活すると信じていたのです。だから祭りは真剣に行われるべきものでした。この摂理は現代の人たちにはほとんど忘れられてしまっていますが、祭りの本質は本来そういう神聖な儀礼の上に仕組まれていたと考えるべきでしょう。

「ケガレ」が高じケへ還れなくて「死」にいたった場合はどうなりましょうか。当然、お葬式を出し埋葬しなければなりませんが、その場合にはいろいろと死の儀礼が行われます。とくに注目すべきは死の穢れの民俗です。まず家の門に忌中札を立てて世間から隔離されます。つまり、「喪家は村の人たちと交際ができません、往き来のできない忌みがかりの家です」という標識です。そして非日常態の領域をつくってしまうわけです。遺族はそこで謹慎の生活をします。やがてお葬式を出し、初七日、ふた七日、四十九日の供養をへてだんだんと忌みの拘束から逃れていきます。忌みはマイナスでありケガレですから、そのマイナスから逃れることができればケガレはなくなり、「ケ」のもとの状態にかえってきます。死のケガレによってマイナス化した日常生活のエネルギーは、その死忌みの期間を通しておこなった死者慰霊の行事を通じて「ハレ」るのです。そうして、やがてケのエネルギーが復活し、健全な日常生活のケへ戻るのです。そういう一つの循環が展開するのです。

われわれ人間の日常生活というのは、すべてこういうことの繰り返しだと思うのです。たとえば学校では入学式や卒業式、あるいは学園祭などがありますが、それらはいわば「ハレ」行事の舞台です。そういう「ハレ」の舞台を設定することによって、日常の学習活動によって衰退した「ケ」のエネルギーが活性化し学園生活は持続するのです。こうしたサイクルの原理を知らないで、ただやみくもに勉強しろと言ったところで決して効果は挙がらないし、充実した学校生活がスムーズに機能するものでもありません。

学校に限らず一般の社会においても同様で、日常の勤労生活のなかで、それを区切るところの息抜きの場を設定してやることによって、構成員の萎えしぼんだエネルギーが復活し、活性化し、そしてよりいっそう生きがいのある人生が展開していくのです。誕生から死にいたる一生の間に、誕冠婚葬の通過儀礼が設けられ、また年頭から歳末まで年中行事があって節目や折り目をつけるのも、みなそのためです。そこに私は民俗のサイクルの原理というものを認めたいと思っているのです。いま考えております私自身のこれからの民俗学は、そういう方向へとオリエンテート（方向づけ）されていくべきで、その構想の一端を申し上げました。参考にしていただきとう存じます。

四　『先祖の話』

『先祖の話』の著述の動機

柳田は生涯を通じ実に丹念に日記をかいている。その一部はすでに公表されて、われわれの目に触れているが、いうまでもなくそれは九牛の一毛に過ぎない。日記の全部が公にされたら柳田國男研究に画期をもたらすことになろう。また柳田像も大きく変わるかも知れない。

いったい柳田は、公表すること、公表されることを予期して日記を記したのだろうか。もしそうだとすると若干の配慮が文面に現われるであろうから、そのことを念頭において読まねばならない。『先祖の話』の著作動機を端的に示す『炭焼日記』(1)についても同じといえるかどうか、関心のもたれるところである。ただ敗戦前後の動静をうかがえる『炭焼日記』の記事は、『先祖の話』の「自序」で示した内容と全く一致している。このことは注意しておかねばならない。何故ならば、この自序が敗戦直後の感懐を率直に披瀝《ひれき》したものであるにも拘わらず、直前の心境と些かも齟齬《そご》を来していないからである。つまり敗戦を予断した彼にとって、それは大きな思想的転機をもたらす契機となりえなかったということである。自序で「ことし昭和二十年の四月上旬に筆を起し、五月の終りまでに是だけのものを書いて見た」とあるのは、『炭焼日記』昭和十九年十一月十日に「『先祖の話』をかき始む、筆すゝまず」、同二十年三月十日「『先祖の話』を書いてくらす」、同五月二十三日「『先祖の話』を草し終る、三百四十枚ばかり」とある記事と一致する。そして、その『日記』の簡潔な文章では十分に窺知できない動機は、「自序」のなかでかなり詳細に且つ感懐をこめて述べられている。それによって忖度《そんたく》してみると、何をおいても柳田の民俗学への志向が、敗戦直後において、ますますその自信を深めている点に気づく。

「家はどうなるか、又どうなって行くべきであるか。もしくは少なくとも現在に於て、どうなるのがこの人たちの心の願ひであるか」(2)。これは戦争中から、そして戦後においてもっともシリアスな問題として国民が決断を迫られていた。これに対し「人を誤つたる速断に陥れないやうに、出来る限り確実なる予備知識を、集めて保存して置(3)」くのが学問的態度であり学問に従うものの使命である。ところが「明治以来の公人はその準備作業を煩はしがつて、努めてこの大きな問題を考へまいとして居た(4)」のである。しかも「強ひて現実に眼を掩ひ、乃至は最初から之を見くびつてかゝり、たゞ外国の事例などに準拠せんとしたのが、今まで一つとして成功して居ない(5)」のである。つまり日本の民俗学が推し進めてきた、年久しい慣習の事実を尊重していないところから混乱が起こった。明治民法の制定もそうであったし、現在当面している家族制度の問題も同様である。「今度といふ今度は十分に確実な、又しても反動の犠牲となってしまはぬやうな、民族の自然と最もよく調和した、新たな社会組織が考へ出されなければならぬ」（同上）のであるけれども、そのためにも、民俗学は働くべきであり、その有効性は十分に保証できる、というのである。

国家の政治施策や法的措置をきめる場合、その基底に民俗学の成果を盛りこむか、少なくとも参考にすべきだという基本的立場は、柳田が一貫して主張しつづけてきたものであり、初期の『時代ト農政』[6]以来の考え方であった。そして、それは終生かわらずに持続されていて、いかなる批判を受けても不易不動の信念となっていた。この点は実に見事というほかはない。しかも、世の識者とよばれる人が余りにも、この点を無視しているが故に、まず第一に「世の所謂先覚指導者に、是等の事実を留意させ又討究せしめる」[7]ために、こういう題目にいまだ触れることのなかった人たちに説いて、新しい興味を牽《ひ》き起こしたいと念じている。

為政者に民俗的志向を勧奨することが、本書著述の基底にある動機となっている点は見過ごしえない。しかも、それは彼の著作の全体に亙って指摘できるところである。そこで、ここではとくに『先祖の話』を説こうとする、より切実な動機に触れなくてはならないであろう。柳田は「自序」のなかで「この度の超非常時局によつて、国民の生活は底の底から引つかきまはされた。日頃は見聞することも出来ぬやうな、悲壮な痛烈な人間現象が、全国の最も静かな区域にも簇出して居る」[8]と述べて、悲痛な戦後の社会現象に眼を向けている。そういう現在及び近い未来にどう対処したらいいのか、全く挙措《きょそ》を失ってしまっている国民に対する生き方を示すため、全力を傾けて執心したのは当然であろう。もちろん、その際に「故人は斯くの如く先祖といふものを解して居た。又斯くの如く家の未来といふものを思念して居た」(同上)と説いても、それが今後も引き続くべきもの、「さういふ物の見方をなさいといふ、勧告」(同上)を強要するわけではなく、まして押し付けや盲従を強いるつもりは毛頭ない。ただわが国の場合、「百千年」の久しきに及んで積み重ねてきた歴史が、他の国々と同一でないことを考慮する、そのための素材提供であると、繰り返し繰り返し断っている。

柳田が何故にこの期に臨んで、日本人の祖先観を問題としなければならなかったのか。この点が著述動機のもっとも基本的問題となろう。これについては明確な解答を与えていない。たとえば「悲壮な痛烈な人間現象」とは、戦争によって戦野に駆り出され、空しく生命を殞《おと》した人間の死のことである。あるいは不意の空襲により瞬時にして阿《あ》鼻《び》叫《きょう》喚《かん》の巷と化してしまう現世の地獄絵のことである。人間の死は、好まざるにも拘わらず、かくも容易に襲うものであるか。幾百万の同胞が、いたずらな戦争によって虫けら同然に扱われ空しく生命を失うことが許されていいのか。非業の死を遂げたものの魂魄は、古人もいうがごとく現世に怨念を残して容易にあの世へは往かないのではないか。いったい死とは何なのか、死後に霊魂も行きつく他界を日本人はどのように観念していたのだろうか。そうした死および死後の問題が真剣に問われなくてはならないのである。

世の人々とともに、死はようやく古稀を超えて老境に達した柳田の心を捉えて放すことはなかった。そこで「曾ては常人が口にすることをさへ畏れて居た死後の世界、霊魂は有るか無いかの疑問、さては生者の是に対する心の奥の感じと考へ方等々、大よそ国民の意思と愛情とを、縦に百代に亙つて繋ぎ合せて居た糸筋のやうなものが、突如としてすべて人生の表層に顕はれ来つた」(同上)かのような深刻な印象を与えている実状を、彼一流の勘で汲みとった上で、そういう悩みに悶え続ける国民に、何らか救済の手を差しのべたい一念に駆られていたと、述懐する。そして現実に肉体は滅びても、必ず一家の先祖となって子孫の行方を見守ってくれる、決して犬死とはならない、そこに日本人の祖先観が淵源していることを声を大にして叫びたくてならなかった。その叫びが、本書全体の底流を形づくっていることは、本書を通読したものの斉しく抱く読後感であろう。柳田はまた、そのことを実証するために、全精力を投入して多くの民俗的事実をあつめてもいるのである。

柳田國男の祖先観

柳田の祖先観は二つの視点から眺める必要がある。一つは、彼じしんが祖先をどのように観ていたかということであり、もう一つは、彼の民俗学的追究によって日本人の祖先観がどうであったと考えるにいたったかである。学者であり知識人であった柳田であるから、この二つの視点に矛盾があろう筈はない。また彼じしんの祖先観が、生涯にわたる永い学的追究の成果によって構築されていることも当然である。したがって民俗学的学問作業の結論が、ご自身の祖先観でもあったといえるかも知れない。果たしてそうであるかどうかは、『先祖の話』を熟読玩味されることによって明白となるであろう。その点は読者各位の思いに委ねることにして、ここでは柳田の祖先観、というよりは彼が祖先に深い関心を寄せるにいたった三つの画期を指摘するにとどめたい。

一つは、幼少年期における体験である。われわれの祖先観が、肉親の死や隣人、知己、同郷人の祖先供養など直接経験的な事実から涵養《かんよう》されることは、もっと重視してよい。柳田もまた故郷の播州辻川、そして少年期を過ごした関東の利根川下流域の祖先祭祀や祖霊供養の民俗的事実が、その根となって培われたことは用意に類推できる。おそらく平田派神道の信奉者であった父、そして盆や彼岸や命日に祖霊供養に尽くす民間の祖先祭祀の実相が、多感な少年を刺戟したことであろう。

しかし、それはまだ自覚的観念にまでは高められていない。それが表面に現われてくるのは、次の青年期に入ってからであった。そして最も強い影響を与えたのは、和歌の師匠、松浦萩坪による教化であった。それが第二点である。松浦は幕末の復古神道家、平田篤胤の信者で、ことに平田の幽冥観に強く打たれていた。暇をみては教理の手ほどきにつとめ、その幽冥的教説を頻りに弟子に鼓吹していた。この事情を柳田は本書のなかで次のごとく述懐している。

私が教を請《う》けた松浦萩坪先生なども、其信者の一人であつた。御互ひの眼にこそ見えないが、君と自分とのこの空間も隠世《かくりよ》だ。我々の言ふことは聴かれて居る。することは視られて居る。それだから悪いことは出来ないのだ(9)。

という幽冥世界観は、死後の他界を地獄極楽の仏教的潤色によって教えられもした柳田にとって、大きな精神的ショックであったにちがいない。その記憶は後世にまでとどめ残され、彼の自伝的回想録『故郷七十年』のなかでも繰り返し述懐している。こうした青年期に影響を受けた他界観・霊魂観が、それより半世紀も過ぎた古稀の執筆『先祖の話』に多少の変化はみせているものの、ほとんど大異なく盛られていることは注意されなければならない。すなわち、

私がこの本の中で力を入れて説きたいと思ふ一つの点は、日本人の死語の観念、即ち霊は永久にこの国土のうちに留まつて、さう遠方へは行つてしまはないといふ信仰が、恐らくは世の始めから、少なくとも今日まで、可なり根強くまだ持ち続けられて居るといふことである[10]。

と。この文章によって、日本人の死後の世界が、十万億土の彼方ではなく現世に近く考えられ、死んだ祖先もまた近くにあって、求められればいつでも生家へ帰ってくることができるというところに、祖先観の根が据えられていた。そういう考え方の源流は、ここまで遡ってたずねることが可能だと思う。したがって、これを第二の画期とみることができよう。

そして第三の画期は、柳田家に養子として入家したときであった。男子のいない家へ他家から養子に入るか、そこの子女と養子縁組をして家の断絶を防ぐ方法は、日本の家族制度にみる特徴的継承法である。広く東アジア漢字文化圏のなかでこのようなケースを容認しているのは、日本のみである。宗族慣行を守り門中制を遵守している中国や韓国などでは、徹底した長男子相続を強調し、たとい息男が得られなくとも、息女に婿養子を迎えて家の継承をはかる等の配慮は全くなされていない。こう

した婿養子制を容認する日本の族制は、日本人の祖先観を考える場合に重要である。その特殊ケースに、運命のいたずらというべきか、はからずも柳田じしん該当することになった。そして、生家の祖先と養家の祖先とに対しどう対処するのが養子たるものの正しい生き方であるのか。多感で俊敏な柳田を深刻な思いに追いやったことが容易に想像されるのである。

しかし、いずれにしても、柳田は養家の家風に順応し養家の興隆に努力する義務を回避する態度はとらなかった。婿養子としての複雑な心境は人一倍感じてはいたが頑なな抵抗はしなかった。むしろ当初において、養家の家風に慣れることにつとめたことは、栃木県下にある柳田家の先祖墓を探索発見することに、異常な熱意を見せた態度に現われている。

松岡家を出て柳田家へ養子に入った頃、養家の旧墓地の所在が明らかでなかった。柳田家は寛文年間まで下野の烏山《からすやま》にあり、のち信州飯田藩主の脇坂氏が播州竜野へ移ったとき、代って転封された堀氏にしたがって飯田へついて行った。それ以後の墓所は飯田にあるけれども、それ以前の旧い墓がはっきりしないので、それが養子に入った國男の気にかかる点であった。そこで、甥の谷田部雄吉と二人で烏山へ出かけ、熱心な探墓行をこころみたのが、結婚後ようやく一ヵ年を経た明治三十九年四月一日から三日にかけてであった。いろいろと苦心を重ねた努力のすえ、ついに先祖の過去帳と墓地とを発見し、歓び勇んで「年来の望みを達したれば、明朝回向を頼むことにして帰り来る」(11)と、その感懐を日記「柳田探訪」に記している。先祖墓を発見し祖先祭祀を執行するのが養嗣たる自分の責務だと考えていたことは明白であろう。しかしそれにもまして、柳田じしん、すでに祖先の問題に対し格別な関心を抱いていたことである。そういう素志が根となって、やがて日本人の祖先観に対する最後の関心が、『先祖の話』によって結実するにいたったとみることは、柳田学研究者の一致する見解である。この意味において、本書こそ、日本の家制度また日本人の宗教生活を絶えず追究してきた柳田の祖先観の、最後に行き着いた終着駅であったといってよい。

『先祖の話』の著述趣旨は動機の項で説いたが、論旨は大きく二つに分かれる。一つは日本人は祖先をどのように考えたかということであり、他の一つは祖先観の基底となる霊魂の存在をどのように観ていたかということである。この二つは表裏一体をなしているから、もともと分けてしまっては、いずれも本質を語ることにならない。また霊魂観なくして祖先崇拝は生まれてこない。そこで柳田は、力を尽くして霊魂の追跡に生涯をかけることになる。

けれども、柳田の研究態度は、それを観念的に形而上的に観想思惟するのではなくて、あくまでも、日本の民間に伝承され機能してきた民俗的事実を軸にして立論しようとする。そのために常民が祖先祭祀に対してどのような態度を示したか、いかなる祖先供養を通して培われたかの事実確認に徹底する。換言すれば、その追究態度には、一貫して帰納主義の立場が固執されていることを知る。但し柳田の文章表現は、論理と実証のみに拘泥する無味乾燥な、いわゆる論文調とは異なり、酌めども尽きない余韻をのこし情緒豊かな含みをもたせている、どちらかというと文学的雅味を盛ったものである。

また民俗的データを一々報告風に羅列することもない。しかしだからといって、それをもって論理性が足りないとか、実証性に欠けるという非難はあたらない。

たしかにその文章は単刀直入的な明快さはなく、その表現はむしろ晦渋である。また実証の事例を巨細となく丹念に紹介挙示することがないので、疑惧や不安を感じないわけにはいかない。けれども再読三読して行くと、その紙背に多量多彩な民俗的事実が隠されていることを知る。しかもそれらの実証事実が機械的断片的に羅列されるのではない。もっとも有効で適切な資料が採択され、それらが有機的連関をとりながら、互いに他を補強するように仕向けられる。そして恰かも交響楽を奏でるがごとくに反響調和しながら読者の心に迫ってくる。こうして個々の立証資料は、深い洞察から構成された体系のなかに配合されることによって、よりいっそうの効果が発揮され、秘められた論理の展開のなかにピチピチと生気をとりもどしてくる。この機微な点を十分に見抜いて、そこまで読みとる努力をしないで速断すると、その文意や論旨は、多分に誤解される危険性にさらされることになろう。

柳田が最後に行き着いた民俗学でも、そこへ辿りつくまでには多くの変化過程を体験した。それと同じように、その先祖観の形成においても、最後の終着駅『先祖の話』にいたるまでには、幾つかの紆余曲折があった。しかし、一人の修道者が修業の末に、ある日突然神の啓示を得て悟りを開いたとか、修行僧が人生苦を超克するために入信・回心の体験を得たというような形で、一つの祖先観を獲得したわけではない。彼が祖先観を構築した素材のすべては、ことごとくが民間に伝承され、常民の信仰のなかに培われてきた民間信仰であり、民俗的事実であった。そして、そこに一切の発想の原点があり、学問形成の礎石を据えている。

たとえば、先祖という民間語には二通りのケースがあることを説いているが、その資料もまた民間市井人から教えられた事実に基づいている。すなわち、民間で「御先祖になる」ということの一つは、家督を嗣いで家長となり一家を経営した人の死に際して、世間が与える言葉である。したがって家長以外については用いないのが普通であった。けれども、たとい跡取息子でなかったとしても、子どもの頃、体格のしっかりした眼光さわやかで物わかりのいい少年がいると、周囲のものが激励し、立派な人になれ、出世しなさいなどという代りに、精出して学問をし「御先祖になりなさい」と言ってきかせる。ここの先祖とは、いうまでもなく一家を創立して、その初代となることである。そういう可能性のあるものに対して老齢となった親が、末の子の前途を案じて、この児はどこか見所がある、きっと御先祖になるに違いないと慰め、かつ力をつけた。そういう例は民間に少なくなかったのである。

柳田が、この事実を知り痛烈な印象をうけたのは、彼が日課として欠かさず実行していた民俗探訪を兼ねての郊外散歩の際であった。すなわち神奈川県原町田在住の一古老との偶然な邂逅《かいこう》である。

生まれは越後高田の在で、母の在所の信州で大工を覚え、それから東京へ出て材木の取引と請負業で産をなし、今では家作ももち六人の子どもは大体身がきまって行末の心配がない。この老人が六人の家の御先祖になるのだと昂然といい放った自信にみちた態度に、柳田はいたく打たれたらしい。婿養子として柳田家にはいり、ついに御先祖になれない立場におかれた吾が身とくらべ、複雑な感懐を抱かざるを得なかったであろう。そういう身につまされた思いが、それだけに終わらず、ただちに民俗的事実として再考され、さらに体系化されて、この名著を生む機縁の一つになった。さすがに日本民俗学の創始者たる非凡さを、遺憾なく示している。

もう一つの民俗的先祖観は、もっとも一般的なケースとして現われる。たとえば死者の霊が祖霊となって遺族に崇祀されることが「先祖になる」という事実に着目した『先祖の話』五一、三十三年目、の解説である。

「先祖になる」といふ言葉を、前に私の照会したのとは全くちがつた意味で、使つて居る処が大和の吉野地方、又は河内南部の山村などには有る。人が亡くなつて通例は三十三年、希には四十九年五十年の忌辰に、とぶらひ上げ又は問ひきりと称して最終の法事を営む。其日を以て人は先祖になるといふのである。(12)

と、民間で「先祖になる」ことの事例を丹念に拾い集めた上で、それがまた死霊の「神になる」ことを意味する地方の多い点を指摘する。北九州の某島では三十三年の年忌がすむと、死者は神になるといい、四国の土佐で御子神《みこがみ》を祀る家の主人は、その期間が短縮されて特別に六年または三年で神になることができる。さらに東北地方で、三十三年の法事が済むと位牌を川に流して死霊としての供養を廃するが、これもまた死者の神に化した証拠を示している。沖縄では、先祖の神棚《カンタナ》とは別に三三年を経過した先祖を祀る御神《ウガン》の棚が設けられ、供物や奉祀を両者別々にしている。つまり死後一定の期間が過ぎると、祖霊はそれぞれの個性を棄てて融合し、神そのものとして祀祭される一体なるものへ昇華すると考えられていたのである。

われわれの祖先観を形成する要素、あるいは契機は幾つも見出すことができる。ただし先祖という具体的イメージは、先考先妣の亡父母、ないしは亡祖父母ぐらいに限られてしまう。それ以前に遡る祖先像は、すべて観念的な把握によって印象づけられる。そして三三年あるいは五〇年以上を過ぎると、祖霊一般として抽象的に意識されるだけにとどまる。けれどもそこへいたるまでにも幾段かの変化は辿れる。たとえば死後四九日間は、死者の霊は住家の屋根棟に止って遺族や知友に何らかの機能を示す。そこで遺族たちは障りや祟りの及ばないよう戦々兢々として死霊の回向につとめる。すみやかに行きつくところ——あの世、他界、冥土などいろいろの表現を用いるが——へ行ってしまわない限り、落ちつけない。この期間内での死者は、アラボトケ、ナマボトケ、アラソンジョ、ワカジョウロ、ニイジョウロなどとよばれ、なお生ま生ましい人間らしさを多分に持ち合わせている。少なくとも初盆または一周忌までは、そのような存在とみているところが少なくない。これはまだ十分に先祖として熟していない。それだけに何処かに畏怖感をただよわせている。それが三周忌、七年忌と供養が尽くされるにつれ、人間臭さを脱して、清まり神聖化して、ついに三十三年忌を境に祖先一般の領域に入りこんでしまう。そういう祖霊化の過程のなかで、日本人は、どこからを先祖といったのか、死ねばすぐ先祖になることのできる人でも、幾段かの変遷をへて、初めて純粋の祖先へと進化するものであること、そのプロセスを民俗的信仰事実を通して実証した論者は、柳田をおいて他になかったといってよかろう。

魂の行く方

『先祖の話』著述の大きな目的は、日本人における他界観の解明であった。晩年の柳田は、しきりと死後の世界観に関心を抱き、その追究に腐心した。この点に照準を据えてドリルすることは、その祖先観を問題にする者にとって、避けては通れないハイウェーである。そこで、もう一度『先祖の話』著述の動機を顧みてみよう。彼は脱稿後四年たった論文の中で次のごとく回顧する。

昭和二十年の秋、自分が世に送つた「先祖の話」といふ本には、古来日本人の死後観は此の如く、千数百年の仏教の薫染にも拘らず、死ねば魂は山に登つて行くといふ感じ方が、今なほ意識の底に潜まつて居るらしいと説いておいた。(中略)死んでも死んでも同じ国土を離れず、しかも故郷の山の高みから、永く子孫の生業を見守り、その繁栄と勤勉とを顧念して居る。(13)

と、死後の霊魂観を解明することへの志向と、その結論の大要を明白に提示している。すなわち日本人の一般的観念では、人が死ぬと、その魂は山へ登って行くと感じていた。つまり山中他界観の形成と定着であるが、それは相当にはやくから日本民族の生活のなかで培われていたと柳田はみている。

これは決して一人の好事家が主観的思考から捏造したものではない。これには「さう思はずには居れない数々の根拠があり、決していゝ加減な空想ではなかつた」（同上）のである。そして、その証拠固めのために数多くの例を挙げている。

日本民間の祖霊は、仏教などの説くように十万億土の幽遠な彼方へ去ってしまい、現世とは何の交渉をもたない他界へ消え去ってしまう存在ではなかった。それは人々の住む山中か、少なくともこの国土に鎮留して、盆、正月、春秋の彼岸などの定日に、遺族のいる家へ帰ってきて祖霊祭祀の座につらなる、そういう極めて親近性の強いものであった。そこに日本的特色があるとみている。「兎に角に毎年少なくとも一回、戻つて来て子孫後裔の誰彼と、共に暮し得られるのが御先祖であつた」[14]。そしてその根拠を民俗的事実のなかに求めるならば、無数に挙げられるのである。いまでは仏教の影響とみられる盆祭などは、実は、民族固有の祖霊祭祀の一つで、もっとも古い時代の成因をもっている。あるいは春彼岸に、あるいは卯月八日に山から花を採ってきて霊前に供えるのも、盆月の七日に盆花を山から迎えて先祖棚に飾るのも、すべて、これを依代《よりしろ》にして家へ還ってくる祖霊を祀《まつ》るためのものであった。「村の周囲の或る秀でた峰の頂から、盆には盆路を苅り払ひ、又は山川の流れの岸に魂を迎へ、又は川上の山から盆花を採つて来るなどの風習が、弘く各地の山村に今も行はれて居るなども其一つ[15]」であった。

このようにして、霊山の崇拝、そして山中他界観の形成は、仏教の渡来よりも遙かに古い。それは、死者の遺骸を山中に埋葬する風習との関連で生成固着し、その霊魂が山中に鎮留するという他界観念を助成した。

魂が身を去つて高い峰へ行くといふ考へ方と、その山陰に柩を送つて行く慣行との間には、多分関係が有つたらうと私は思ふのである。さうして形骸の消えて痕無くなると共に、次第に麓の方から登り進んで、しまひには天と最も近い清浄の境に、安らかに集まつて居られるものと我々は信じて居た。(16)

こうして、はじめは遺体埋葬の地が祖霊鎮留の霊地として尊崇されていたが、のちには、しだいに遙遠で幽邃な山中が指定され、それが死霊の集まり留る霊山として、周辺の地域から仰ぎみられるにいたったのである。

かくして日本人は、先祖を身近に感じていた。そして、それとの交流が可能であると信じていた。たとえば「もとは死後の世界を近く親しく、何か其消息に通じて居るやうな気持を、抱いて居た(17)」。それには四つの理由があげられる。第一は、死後も人間の霊魂は、この国土に鎮留して、そう遠くへ行かないものと信じていた。第二は幽界と顕界との交流が頻繁で、春秋定期の祭りだけでなしに、何れか一方の心ざしによって、招待交流往来がそれほど困難であるとは思っていなかった。第三は、現世の人の臨終の際の念願が、死後にも必ず達成するものと思いこんでいた。そして第四に、人間は死後も再び三たび生まれ代って、同じ仕事が続けられるものと考える人が多かったことである。一見現代人の感覚とかけはなれたともいえる、このような他界観、そして幽顕観が、日本人の霊魂観、他界観の基調をなしていたという見解、しかも、それに深い同情を示している柳田の主張には、とうてい追随できない違和感を抱かざるを得ない。その晩年、自らの墳墓の地を選定するにあたり、

> 魂になつてもなほ生涯の地に留まるといふ想像は、自分も日本人である故か、私には至極楽しく感じられる。出来るものならば、いつまでも此国に居たい。さうして一つ文化のもう少し美しく開展し、一つの学問のもう少し世の中に寄与するやうになることを、どこかさゝやかな丘の上からでも、見守つて居たいものだと思ふ。(18)（傍点は筆者）

という心境が大きくものをいって、ついに、現在墓碑の建つ川崎市生田の春秋苑がきめられたのではないかとも言われている。ここは多摩川に近い丘陵上に位置を占め、周囲の諸地域を一望のもとに俯瞰できる展望の地である。「同じ国土を離れず、しかも故郷の山の高みから、永く子孫の生業を見守り、その繁栄と勤勉とを顧念して居る」（同上）ことを理想とするならば、たしかにそこは子孫の住む東京都西郊の自邸、世田谷区成城に近く、尨大な所蔵図書を寄贈し、そこに彼自らが創設した日本民俗学会の本部があり、弟子たちが多く集まって研究会の開かれる成城学園にも近い。この春秋苑こそ、まさしく柳田じしんの霊魂観と祖霊観とを地で行った、理想的永眠鎮魂の地であったと称しても過言でない。もしそうだとすると、実証と論理に徹し、一学徒としての生涯を貫いた柳田の学問的立場、それとこの超論理的ともいえる情念とをどう関係づけたらいいのだろうか。

かつて女婿の堀一郎が述懐したごとく、「実際に柳田は霊魂と、霊力の存在を信じていた」[19]という見解は、晩年の柳田については『先祖の話』による限り、その通りだと言えよう。しかし、あくまでも学問に忠実で、帰納的実証を重視し、立論の基点に終始変ることなく民俗的事実をすえた柳田が、何故晩年に、このような超越的霊魂観を抱き、それに基づいての祖先観を展開したのであろうか。この神秘な扉を開く鍵は、奈辺に隠されているのであろうか。太平洋戦争という前古未曾有な時代を体験したことが、そのような見解へと導いたのであろうか。あるいは、死期が近づくにつれて、死後の問題とも対決を迫られた一老碩学の身上的な心境を顕わしたのであろうか。

いずれにしても、この課題に応えることが、柳田國男研究の最大にして最終のゴールとなるに違いない。筆者はさきにその原因を、幼少時または青年期にうけた先考、松岡約斎、および和歌の師松浦萩坪の影響が、晩年に再び奔出したのではないかと推察した[20]。けれども、もちろん、この論は舌足らずであり、実証できる資料を揃えてくだした結論とは言えないので、自分でも満足していない。そこで懸命なる読者諸賢の明快な考察を期待する次第である。なぜならば、この疑問点の明確化こそが、柳田晩年の思想・学問の在り方を決定づける所以であると考えているからである。

注

(1)『炭焼日記』(修道社、昭和三十三年、定本別巻四、所収)

(2) 『先祖の話』(定本一〇、三ページ)。
(3) 同、四ページ。
(4) 同、三ページ。
(5) 同、四ページ。
(6) 『時代ト農政』(聚精堂、明治四十三年、定本一六、所収)。
(7) 前掲『先祖の話』四ページ。
(8) 同、五ページ。
(9) 前掲『先祖の話』六五、あの世とこの世、一二二ページ。
(10) 同、二三、先祖祭の観念、四二ページ。
(11) 「柳田採訪」(定本別巻四、二八九ページ)。
(12) 前掲『先祖の話』五一、三十三年目、九四・九五ページ。
(13) 「魂の行くへ」(『若越民俗』五—二、昭和二十四年、定本一五、五五三・五六一ページ)。
(14) 前掲『先祖の話』六一、自然の体験、一一四ページ。
(15) 同、六六、帰る山、一二三ページ。
(16) 同、七〇、はふりの目的、一三一ページ。
(17) 同、六四、死の親しさ、一二〇ページ。
(18) 前掲「魂の行くへ」五六一ページ。
(19) 堀一郎「柳田国男と宗教史学」(『国文学』昭和四十八年一月号、学燈社。同『聖と俗の葛藤』平凡社、昭和五十年、所収)。

(20) 拙稿「柳田国男の祖先観」(『柳田国男研究』七・八、昭和四十九・五十年、『櫻井德太郎著作集』八巻、吉川弘文館、平成元年一〇月、第四章、所収)。

五　仏教民俗学への志向
——民間仏教信仰解明の立場——

1　問題の所在

日本の地域社会に現象する宗教機能に注目するとき、住民に最も密着する領域はカミとホトケとであるといってよかろう。いうまでもなく地域住民のいだくカミとは神道の神と同一ではないし、またホトケとは仏教で説く仏とも同じではない。神とか仏の観念は、高度に洗練された神道学や仏教学の神学体系から抽出されたもので、いずれも成立宗教の教義教理体系の所産といえよう。

神道の神と民間信仰のカミとの関係は機会あるごとにふれたので一応おくとして、仏教の仏とホトケとの関係について若干敷衍してみよう。仏教学とか宗学——天台宗学、浄土教学、禅（宗）学など多くを数える——において、仏の概念が定立していることは付言するまでもない。そして、これを具体的な人格に措定するとき、仏陀、釈尊・釈迦牟尼、つまり釈迦ということになる。仏教開創の始祖を指すわけである。ところが日本の民間ではホトケとよぶ。ホトケの語源には諸説があって論議をよぶところであるけれど、[1]世俗の用語には少なくとも大きく二つの意味が含まれていて、その両方とも通用する。一つは「お釈迦さま」をはじめとする諸仏諸菩薩のすべてを指し、もう一つは死者を指称する。プロの仏教者にとっては当然前者の意が用いられているけれども、世俗では後者の意味も盛んに用いられる。たとえば地域に死者がでると、人びとは「某家の爺さんもとうとうホトケになったか」などという。これは死を往生とか涅槃と呼ぶように、本来は仏教の専門用語であったけれど、それから転用されて通俗語となったものである。[2]

仏教学者や宗門では、転用語は本来の語義を示すものではない、俗語を使用することは仏法の真意を大きく逸脱する。したがって好ましくない。そうした外道《げどう》に陥る傾向は極力避けねばならない、と主張する。あるいはまた民間で通称するホトケサマというのは、具体的には他界した一家・一族の先祖、つまり祖霊を指す。それは日本の民族信仰に根ざす祖先崇拝から生じた習俗であって、死後の霊魂をみとめない仏教本来の教理にもとること甚だしい。そのような仏教の本義に反する俗信仰、そしてそれによって生まれた俗語を使用するなど絶対に許せない、というわけである。

仏教の神学理論からいえば、確かにそうであろう。しかし、死者則ホトケという観念が日本の地域社会で現実に生きている現象だとすれば、仏教学・宗学研究の領域外だといって、研究対象から除外し無視しておけばすむということになろうか。仏教が俗世間から隔離された独自な宗教空間をつくり、その枠内で機能しさえすれば事足れりとするならばまだしも、積極的に世俗社会へ跳びこんで布教救済にあたるところに宗教職能者としての存在意義をみとめるとするならば、教理と俗理とのギャップをどう埋めたらよいか。それこそが仏教当事者に課せられた重要な研究課題だといえよう。

現実に民間社会に受容された宗教は、おのずから土着化の過程をたどらないわけにゆかない。その土着化する推移のあいだに種々の変化が生じてくる。それは本山や本寺の宗教儀礼と、檀家と直接に接触する末端寺院のそれとの間に、かなりの距離を認めないわけにゆかない実情からも証明できよう。このヴァリエーションは本寺や本山がいかに規制しても阻止しうるものではない。その理由は、檀徒の居住する地域社会の伝統的な民俗信仰が大きな影響を及ぼしているからである。つまり末寺の菩提寺と地域社会の土着信仰との関わり合いを明白にしなくては解決できない領域であろう。ところが、この重大な領域が、これまで不問に付されたまま看過されてきたのである。すなわち仏教の側からは外道であるとして除外され、民俗学の立場からは、伝統的民俗の地域性を歪曲するとして拒否されてきた。この最も重大な分野が未着手のまま放置されていたのである。

その空隙にメスを入れ、未開の分野に挑戦するとしたら、どのような方法が考えられるであろうか。もちろんアプローチの視点はいろいろ挙げられるけれども、本稿では、その一つだけに限って述べてみたい。寺家仏教儀礼が地域の民間行事に流れこみ、地域の民俗儀礼が寺家年中行事に組み入れられている実情にかんがみて、生活の実態に即して分析する仏教民俗学の方法によることが、最も大きな収穫をもたらすのではないかと考える。その点の素描を次にこころみてみよう。

2　庶民生活に生きる仏教の実相

寺院機能の限界

日本における仏教寺院の大部分は、檀家をもっている。その菩提寺住職の主たる任務は、この檀家の葬式と先祖の供養法事を主宰するところにある。もちろん仏祖の降誕会や開山忌、彼岸会、盂蘭盆の施餓鬼会その他の寺家年中儀礼に従事する。けれど、少なくとも民間と接する地域寺院にとって、もっとも重要な機能を示すのは、葬儀において導師をつとめ、先祖の法要にあたり慰霊と回向とに力を尽くすことであろう。

そこで、多くの僧職者は、この方面で中心的役割を果たしているのが僧尼であるとの自負をもち、その執行においても指導性を発揮する責任を感じている。たしかに民間の葬儀にみる僧職主導性は歴然としていて他言する余地はない。儀礼の組み立てや推移進行について、檀家ではいちいち菩提寺の指示を仰ぎ、その点で遺漏のないよう細心の配慮をはらうのである。けれども、そのように観てとって誤りがないかというと、単純にそうはいえないところがある。そして、その点を追究することが、日本人の宗教観をとことんまで問いつめる重要な問題点と絡みあってくる。

こんにち東京とか大阪などの大都市では、葬儀屋とよばれる専門職業が定立し、近来は地方小都市や村落にまで浸透しているけれども、導師の選択（特定な菩提寺をもたない市民が少なくない）から、葬儀の段取り、葬送、埋葬まで一切を請け負って代行してくれる。そこには一つのパターンがあって施主側の主体性はほとんど生かされないし、地域の住民が中心となって参加することもないから、地域色の現われることなど全くないといってよい。つまり寺側も地域側も無視されて、ひたすらに葬儀屋主導型となってしまっている。

けれども、十分に都市化されない地域で、喪家の葬式を地域の組（葬式組とか無常講とよぶ）が中心となって施行するところでは、事情は全くちがってくる。菩提寺や親類縁者への死の案内（ツゲという所が多い）、祭壇の舗設、ヤマつくりとよばれる葬場の設営（土葬の場合は墓穴掘り）、会葬弔問者の応接、葬送、埋葬と納骨など一切の役は、地域住民によって担われ、その奉仕によって進められる。寺側の僧侶も主要な役割を果たすが、それも主として枕経を誦んだり、葬儀の導師として、宗派の定める規式を施行するだけである。それ以外のすべてを地域の伝統的な習俗慣行にゆだね、引導をわたしてしまえば、さっさと寺坊へ引揚げてしまう。かくして死者儀礼のなかには父祖伝来の地域性ゆたかな習俗が脈々として波うち、その生命を保ちつづけ今日にいたっている。

柳田國男の視点と反響

日本人の葬式観ひとつをとってみても、宗教観を喪失した都市型、僧職が中心に施行する寺院型、そして地域住民を主体とする地域伝承型などがみられ、まことに複雑多岐である。そのなかで、いずれが日本人本来の在り方なのか、大変に興味をそそられる問題ではあるけれど、そう簡単に答えられないのが現実であろう。そこに仏教民俗学が大いに働いてもらわねばならない領域が拡がっているのである。

いうまでもなく仏教は、今日通念されるように弔死のみを専門とするわけではなくて、本来は人間の救済を第一とする宗教であった。したがって、その管掌する範囲はひろく多方面にわたっていた。しかし神社神道が神祭に中軸をおいているところから、死を中心におく仏教に対しては、もっぱら弔死の側面を担うよう期待され、それが神仏分離の思潮の高まりとともに決定的となった。だから葬式宗教としての仏教は、さほど長い歴史を閲しているとはいえないのである。いずれにしても、人間の死を専ら管掌し、死の処理や弔死・回向が、仏教と僧尼の本来の職能であったという、誤った先入観から離脱しなければならないことは明らかであろう。

この点で大きな業績をあげたのは、柳田國男によって創められた日本民俗学であった。仏教色に彩られ仏教によって培われたとみられる葬送や墓制、そして仏教的年中行事を徹底的に洗いなおし、日本列島各地の丹念な調査を通して検討した結果、世の通念には幾多の誤解があることを指摘した。これまで仏教の専売特許とも目された盂蘭盆会や彼岸・年忌などの行事は、余りにも濃い仏教の潤色をうけてはいるけれど、それは後世の変化であって元来は日本民族の土着生活から生まれた民俗儀礼だと結論づけた(3)。

葬送の儀礼や弔死の回向、そして墓制なども、見たところ仏教の儀軌に則り僧尼の教導で形が整えられたようである。けれども、中央の文化にディスタ－ブされない辺遠地域の実相に触れてみると、その多くが日本人ほんらいの死生観、霊魂観、他界観にもとづいて生まれてきたことが明白となる。つまり仏教は、それの単なる外被でありメッキに過ぎなかったというわけである。これは大きな衝撃であった。

しかしながら、この点を余り強調すると、日本人の民族性を特殊化して、その固有な性格の追究発見のみに意義をみとめようとする立場にかたよる危険も出てくる。当然ながら批判論、反論が次々と現われてきたのである(4)。

死の穢れや血の穢れなど、触穢を極端にタブ－視する神社神道の側が、死の問題にタッチすることを潔しとしない傾向のあったことは当然かも知れない。そこで神道界から柳田民俗学への批判が頻出する。すなわち民俗学の力説するごとく、民間辺々の俗習から高度に洗練された祭儀の原型を求めようとするのは全くのナンセンスである。その本質はむしろ逆であって、国家や中央古霊社の執行する神儀にこそ典型的に表現されている。この神道の本義を民間伝承によって確かめようとする神道民俗学の樹立などもってのほかだと憤激し、相手にしようともしない(5)。

いっぽう弔死に直接関与する仏教者の立場からの反論には、大きく二つの方向がみられる。一つの見解は神道論者と同工異曲であって、要するに弔死のことは仏家の重要な職責であり、神葬祭のごとき儀礼は宗派の規式によって明確に定められている。それに準拠して施行されるだけである。もしも地域によるヴァリエーションがあったり末端部で異様な営みがあるとしたら、儀軌の歪曲以外の何ものでもなく、ただちに本来の在り方へ戻らなければならない、と説くのである。

そしてもう一つは仏教学者の見解で、もともと出家とは世俗を離れて僧団にはいり、ひたすら宗学の研鑽と解脱のための修行に終始すべきで、それに従わない徒輩は正式の仏者とは言えない。民間外道を持ちこんで論議するなど異端の最たるものだときめつけて、とり合おうとさえしない。

こうした立場の見解が正統の座に君臨する限り、仏教民俗学がその市民権を得ようなど、思いもよらぬことであろう。

仏者の民俗的関心

神道からの反論も、また仏家からの批判も、多少のニュアンスのちがいはあるにしても、その論旨にみる高踏性と反俗性には共通のレールがしかれている。あるいは聖職意識と称してよいかもしれない。衣冠束帯で神事をおこない、僧服に包まれて仏事にしたがう。堂々たる儀礼執行の祠堂のなかで民間と隔絶する特別な宗教空間をつくりあげるうちに、いよいよ脱俗化し高踏化して、民衆救済の本道を忘逸してしまった。そのため人びとの宗教的ニーズは、こうした成立宗教の担い手をはなれ、民衆とともに苦しみ、民衆の悩みを自らの痛みとする新宗教へとながれてゆく。かくして民衆と遙かな距離をおいたところで皺腹撃壊し、救済を忘れ、単なる儀礼執行者に堕した宗教者を、人びとは「長袖様」とよび敬して遠ざけている。この現実を認識しなくてはならないであろう。

筆者が青年仏教僧の研修会に招かれたときのことである。宗門立の大学で仏教学・宗学を修め、本山での厳しい練成をうけたのち、山奥の寺へ派遣された青年僧の悩みをうかがったのである。

集落全体が檀家であるといっても、わずか三、四十戸に過ぎないから、寺の財政的基盤は脆弱で、その維持経営も覚束ない。しかし宗門大学での教えを守り、宗義に徹し、本山で鍛えられた儀軌を誤ることのないよう努力している。けれども努めれば努めるほど、檀家の人びとは寺を離れるような気がしてならない。これまでの慣習で、本堂も庫裡も村びとの集会所にされたり世俗な行事の催しに使われる。そのようなことで神聖な僧堂が汚されては困ると中止を申しでた。開山忌や仏祖忌などの法会が、施行の日といい儀規といい崩れているので本来の規式に返そうとした。ところが爾来いっそう寺檀間のコミュニケーションがなくなり疎外感が深まってゆく。誠心誠意、尽くせば尽くすほど逆の結果が生ずる。いったいどうしたらよいのか。そういう訴えであった。

これに対し筆者は何よりも第一に、檀家の生活実態、地域の実相をきわめること、そして地域住民の先祖観、他界観、葬墓習俗の様相を明らかにすることをすすめた。その上に立って寺家としての対応方針を打ち出すことの有効性を、筆者自身の民俗採訪体験から述べた。大学の仏教学部や宗門の大本山が、所属の学生や学僧に対し布教や救済にあたって心得るべきことの指導は何もしないで、ただ成果のみを期待するのは酷というものであろう。

近ごろは、そうした事情からの必要性もあって、仏者の立場で仏教民俗学を開拓しようとする動きが出てきた。むしろ遅きに失したかもしれないが、大いに歓迎すべきことであろう。けれども、その方向は現存する民俗のなかに仏教的要素を発見しようとする傾きがある。この立場も大切であるけれど、あまりに偏執しすぎると、仏教起源説に拘泥することになりかねない。これは警戒しなければならない。それでは神道起源説、民俗固有論と同じ轍を踏むことになるからである。

民間の生活を直視すると、時勢の変化、ことに経済の変動によって大きく揺れ動いている。けれども、そこには一定のリズムがはたらき多様な要素を適正に体系化して、何らかのまとまりをみせている。その様相、原理を確めるために民俗学が必要なのであって、これまでネグレクトされた仏教民俗学に対する期待もそこから出てくるのである。

3 仏教土着化過程の究明——柳田民俗学の超克——

祖霊の民俗学的究明

一時色あせた仏教が勢いを盛り返し、至るところの寺院も霊場も、参詣や巡拝の善男善女で大いににぎわっている。先祖の供養のために営む年忌法要も、ちかごろはいちだんと熱をおびてきたし、彼岸をはじめ降誕会、涅槃会、祖師忌、報恩講など仏寺の宗教儀礼にも参加する世俗の人の数がふえている。いろいろな世論調査の報ずるところによると、狭い団地に住む都市住民のなかには、仏壇をもうけ父祖伝来の位牌を安置し、朝夕の礼拝を欠かさない家庭が増えているという（孝本貢、平成元年）。

こうした状況をうみ出した理由はいろいろと挙げることができよう。何よりも高度経済成長以来、豊かになった生活のゆとりからだといえるかも知れない。あるいは戦後しばらくつづいた欧米化にあきた日本人が、本来の生活伝統へリターンしようとする復古調の現れだともいう。あるいはまた、古くからの熊野詣や伊勢参宮、本山参りを、さらに西国三十三番の霊場巡りや四国八十八カ所の巡礼を、唯一の生き甲斐とした日本人独自の宗教的志向に発するとみることもできる（真野俊和、平成三年）。しかし、いずれにしても、いわれるような近来の仏教ブームが、そのような一種の流行現象に過ぎないものかどうかは十分に吟味してかかる必要がある。

新しい宗教の創始者や教団創成の祖師たちの行履やその霊祠・聖蹟を崇める風は、宗教の違いや民族の差を超えて共通にみられる。仏教においても例外ではなく、今日でも釈尊由縁の地、インドへ赴き仏跡を巡訪するためのツアーは、僧俗を問わず数多く企てられている。イスラム教徒のメッカへの巡礼、キリスト教徒のエルサレムへの巡拝は説明するまでもない。けれども、それらとくらべ日本人の巡拝順礼の際立った特色は、いずれの場合においても、主たる目的が先祖の霊を回向供養するところにおかれていることである(武田明『巡礼の民俗』岩崎美術社、昭和四十四年、前田卓『巡礼の社会学』ミネルヴァ書房、昭和四十六年)。

人間の死を主イエスのもとへの昇天とみるキリスト教も、十万億土の永遠の彼方へ立ち去るとする仏教も、他界での死者霊魂の機能を否定する。まして他界と現世とを往還してその影響力を現住の遺族に及ぼすなどは、毛頭その教理にふくまれてこない。その仏教が、なぜわが国へ伝来し土着すると祖霊の存在をみとめ、その作用を重視するようになるのか。この点を明白にすることが、日本仏教に関心をもつものに負わされた中心的課題だといってよかろう。

日本人の伝統的生き方をとことんまで問いつめようとして、日本民俗学を創始したのは柳田國男である。彼は外来の思想・宗教・文化にディスターブされない、日本人本来の心性とは何か、いわば裸の日本人のものの考え方を明らかにしようと生涯をかけた。それも一握りの学者、高僧、エリートの教説によるよりも、外来文化波及の枠外にある辺境や名もなき生産民の生活実態や素朴な思考のなかから求めうると信じ、もっぱら地方在住民の伝承的信仰に注目したのである。そして結局、日本人にある独特な霊魂の機能を分析しながら伝統的霊魂観を抽出し、さらに死後の霊の存在を確認して、それが祖霊信仰に濃く彩られているところに特色をもつとみた(櫻井徳太郎「柳田國男の祖先観」同著作集8、吉川弘文館、平成元年、参照)。

土着化仏教の分析

柳田のこの考え方は、きわめてユニークであったが、凡庸な民衆の知慧などみとめようとしないエリート層の理解をうるまでには、忍耐づよい説得をつづけねばならなかった。その努力が実をむすんで、こんにちでは誰でも柳田民俗学の成果を否定するものはいない。それどころか隣接の諸科学では、その実績を大いに取りこんで、突きあたった研究上のネックを乗り越えるために利用しようとつとめるものが出てきた。

けれども、ここで考えなくてはならないのは、柳田の方法である。彼は、日本文化にまつわりついた外来文化は、本来の固有性を被いかくし歪めているから、その被いを外し歪みを正すことが大切だと考えた。宗教信仰もそうで、儒仏道など大陸伝来文化の被覆を剝《は》ぐために重出立証という比較研究の方法を創案した。これを端的にいえば、本来の日本人の宗教信仰は、仏教という外被のため真性がおおわれている。そこで、その外被を取り去れば、固有な姿態が現れるとみるわけである。この考えは、漢意を排して純粋な大和心＝日本精神の発見を標榜した本居宣長やその門流の平田篤胤らに原点をおいているといってよい。つまり柳田の目標は「仏教以前」の究明であり、それを「新国学」とあえて呼称した根拠でもあったのである。(6)

しかし、ここで検討すべきは、仏教の外被を除けば果たして日本人固有の宗教観がえられるであろうか。理論的にはそういえるかも知れない。けれども、日本に土着し、日本人の生活のなかに浸透した仏教は、日本人の体内で消化され血となり肉と化している。もはやインドの原始仏教でないことはもちろん、中国の漢訳仏教でも朝鮮仏教でもなく、まぎれもない日本仏教である。その日本仏教を解剖して、これがインド本来の要素、これが中国、朝鮮の要素だと分析しえたところで、のこった残骸に固有性があるなどとどうして断言できようか。いたずらに仏教以前の抽出のみに力を注いでも成功は期しがたいというべきであろう。

とすれば、もはや道は一つである。すなわち仏教伝来以後、外来仏教がどのようにして日本仏教になったか、つまり仏教伝来以後の道を辿ることとなろう。それも土着化の過程をたんねんにトレースすることである。そのためには、教義や教理の点から入るのではなく、生活化した実態を見つめること、民間レベルの習俗化した仏教儀礼の忠実な分析を真っ先にやらねばならない。民俗学の側からも、また寺院・仏僧の側からも放置されてきた、この空白の領域こそ追究の最も重要なポイントである。そして今こそ仏教民俗学が、この新しい研究の旗手として、力を尽くすべきときが到来したとみてよかろう[7]かと考える。

注

（1） 民間の慣用語ホトケの語源をホトキ（先祖供養の際に供物を入れる容器）とする柳田説（柳田國男「ホトケの語法」『先祖の話』定本一〇、昭和二十一年）と、これを批判する有賀説（有賀喜左衛門「ホトケという言葉」『一つの日本文化論』未来社、昭和五十一年）との対立がある。しかし、その決着はついていない。

（2）民間の日常語の中には、こうしたケースが多い。たとえば因果、因業、縁起、子煩悩、愚痴、功徳、邪魔、油断、根性、息災等々枚挙にいとまがない位である（辻善之助『日本仏教史』上世篇、岩波書店、昭和十九年）。なかには「出世間」から転用された「出世」のように原義の反意語へ転化したケースも少なくない。

（3）この柳田の主張は著論の多くで披瀝されるが、とくに「葬制の沿革について」（『人類学雑誌』四四―六、昭和四年）、『先祖の話』（筑摩書房、昭和二十一年）など。

（4）僧職者や宗学の立場からは無視されたけれども、近来、仏教が日本の文化や思想に影響を与えた要素を重くみる主張が高まり、そこから柳田批判が起こっている（山折哲雄「柳田国男―日本型仏教イデオロギーの扼殺者―」『アジアイデオロギーの発掘』勁草書房、昭和四十三年、藤井正雄「宗教民俗学の方向」『季刊柳田国男研究』二、昭和四十九年）。また、仏教民俗学を標榜する潮流からも反省がなされた（藤井正雄「無縁仏考」『日本民俗学』七四、昭和四十七年、真野俊和『日本遊行宗教論』吉川弘文館、平成三年）。筆者の見解は拙稿（「柳田國男の神道論―神道民俗学の起点―」『日本民俗宗教論』春秋社、昭和五十七年）参照。

（5）柳田國男が『神道と民俗学』（明正堂、昭和十八年、定本一〇）の中で披瀝した神道学者並びに神職に対する批判を参看されたい。

（6）『新国学談』と称する三部作の標榜するところを窺知すれば明白である。

（7）筆者の『講集団成立過程の研究』（吉川弘文館、昭和三十七年）、『神仏交渉史研究』（吉川弘文館、昭

和四十三年）などは、そのささやかな試みである。そういう見地から宗教民俗学者、五来重・宮家準・宮田登らの諸氏や弘文堂『講座日本の民俗宗教』、名著出版『仏教民俗学大系』、春秋社『大系仏教と日本人』などの成果には注目すべきものがある。

六　ケ・ケガレ・ハレの三極構造

――柳田学の発展的継承――

柳田國男記念伊那民俗学研究所

柳田没後二十五年にあたる昭和六十二年の祥月命日（八月八日）に、菩提寺である長野県飯田市の来迎寺で法要がございまして、私も招かれて回向の席に連なりました。ちょうど本研究所の創立一年前でした。翌年に東京都・成城にある柳田邸の喜談書屋、そこに旧の財団法人民俗学研究所がありましたが、それが後藤総一郎の尽力で飯田へ移ることになり、その「柳田國男館」のなかに伊那民俗学研究所が発足することになりました。たいへん記念すべき創立の歴史を有するわけです。その一年前（昭和六十二年八月八日）に企てられた第一回の柳翁祭に、記念の話を市立図書館でさせていただいたのが、皆様とのおつきあいのはじまりでございました[1]。

その節、研究所の標札を創立記念式に間に合うように書けと頼まれました。ちょうど駒沢大学の学長で多忙をきわめておりましたし、その柄ではない、もっと字のうまい人がいるからと申し上げたのでありますが、先生と深いかかわりがあるからぜひにと命じられ、学長室に日本紙を広げて「柳田國男記念伊那民俗学研究所」と、つたない筆をふるったのであります。それをもとにしてあの看板ができたという因縁がございます。こういうことは時がたつと忘れてしまうかもしれませんし、私もそのうちにあの世に行くし、そうなるとわからなくなりますから、会報のどこかに残していただきたいと思います。私にとってきわめて記念すべきことが、この研究所の創設に織り込まれていたこと、これは何よりの奇縁となりました。いちど標札がどういうふうになっているかを見たいと思いながら、学長職が忙しかったり、その跡始末に追われたりで、訪れる機会がないまま過し、本日はじめてお目にかかった次第であります。つたない筆で恥じいる次第でありますけれども、私にとっては非常に思い出深いものですから、前置きとさせていただきました。

柳田学批判

最近の柳田國男に対する論評、ことに柳田の民俗学論に対する批判は、百花繚乱というほど多彩で、いろいろございますけれど、大きく言えば三つに分かれると思います。一つは柳田の偉大なる業績に基づいて柳田流に民俗学を研究していこう。これが一番オーソドックスなグループであります。

二番目はそれとは全く反対で、世間では柳田、柳田というけれども柳田の言っていることには大変問題がある。たとえば今日もっとも重大な天皇制の問題をまともに追及していない。差別の問題について何も言っていない。差別は人権の上から現在の大きな社会問題でありまして、国の内外を問わず人間を差別視するなどあってはならないのは当然でありますけれども、それがなかなかスムーズに展開していないところがあります。とくに国内では被差別部落の問題が深刻です。たとえば墓碑や過去帳に侮辱する差別戒名を用いるなど、考えられないことが起こっています。仏教の諸宗派にとって大きな問題になっていることは皆さんもご存じだと思います。そういう点について柳田は何も語っていないではないか。それに対する見解を述べていないではないか。また性の問題や性差別、あるいはフェミニズム・ジェンダーの問題に背を向けてふれようとしない。それは柳田民俗学が真剣に階級制の問題に向き合おうとしない姿勢からきている、というのです。柳田の意を継いだ本研究所では、後藤所長が主催している常民大学運動の展開のなかで、もっとも重い研究テーマとして取りあげておられますが、それを柳田は民俗学の上から解き明かさなかった、と。

図10　柳田國男記念伊那民俗学研究所での講演（宮坂昌利提供）

あるいは日本民俗学を一国民族学の狭い範囲にとどめおいて、広く世界を見渡して今後どのように発展すべきであるか、グローバルな立場から考える積極的な対策がなかった。そのためか柳田は日本の植民地民俗学に対してほとんど発言しなかった。植民地を拡大する帝国主義を引きとどめ、そのゆきかたに反省を加える批判的な見解を述べなかった等々であります。これらにはいずれも読みの狭さ浅さからくる曲解が少なくないのです。何でも、柳田に異論を唱えさえすれば世間が目を向けてくれる、無いものねだりをして柳田の限界を指摘し、やや感情的にはしってけちをつけようとするアンチ柳田派と言ったらいいでしょうか。そういう立場が二番目に置かれるでしょう。これは第一の立場とは対峙するグループに属します。

第三は、批判的継承学派と言ったらいいでしょうか。発展的継承の立場をとる人びとです。柳田國男といえども超人ではないのだから、一から十まで誰が見ても誤りがないとは言えないでしょう。いかに偉大な学者でも全知全能と断言することはできません。また、念慮のなかにあっても公表しなかったことがあるにちがいない。だから、そうした配慮を加えながら、単に柳田学をそのまま受け継ぎ足跡を追うのではなくて、柳田学の神髄に深くはいり、その成果を十分に汲みとった上で客観的な立場から検討し、なおかつ論及の至らなかったところ、あるいは間違った点を指摘してゆく。そして、より正しい解釈や体系を提示することが大切でありましょう。つまり十分な研究を尽くしたのち柳田学の発展を期する、批判しながら継承してゆく、あるいは継承しながら批判して発展させるという、そういう行き方の第三の立場があると思います。

第一の立場は柳田学をすすめる上で最も基本的な研究姿勢であり、その存在意義は当然あるのですが、柳田の枠の中に囲いこまれて将来への展望が見失われてしまう怖れがある。そういうマイナス面が存在します。第二のアンチ柳田派は柳田学を深めるために必要な一面ではありますが、やや感情的に走る偏向性をもつ心配がありますね。冷静に柳田学を追及し検討してそのなかから導き出すのではなくて、ただ表面的な文面をとらえ、片言隻句についてものを言う。これが第二の学派の特徴でありまして、非常に一方的にはしる危険性を孕んでいます。偉大な巨匠に対して反対の狼煙《のろし》をあげると、ただちにマスコミがとびつきますから、すぐ世間的には有名になるという好ましからぬ一面があると思います。良心的な人も少なくはないのですけれども、とかくそういう傾向がありますから、これはかなり注意してみなければならないでしょう。第三の立場は、これから柳田学を発展させるためには最も大切な姿勢ではなかろうかというのが私の考えであります。おこがましいかもしれませんが、十分に柳田の考えを研究しながら、その上に立って柳田が言い足りなかったことを見いだして、それを深めた結果、到達した新見解を提示して、新しい民俗学をうちたてるのに役立てたい。そのように思っている次第でございます。

柳田のハレ・ケ論

今日は折角の機会でございますから、一つの例をあげて申し上げてみたいと思います。柳田の学説の中には注目すべきことがたくさんありますけれども、その一つ、日本民俗学にとって非常に注目しなければならないのは、日本人は暮らしの中でハレの世界とケの世界の二つをもつと考えてきたことであります。ハレとケの二大原理（図11、参照）が日本の民俗を構成する重要な要素とみた発言だと思います。これはたいへん貴重な指摘でありまして、言われてみると、コロンブスの卵ではないけれど、そんなことならあえて説明されなくてもわかるよというようなことになるかもしれません。しかしはじめて気がついたことはたいへん大きな意味合いをもっていたと思います。(2)

日本人の生活の中でとくに大切なイベントにお祭りがあります。祭りがきますと日常生活をそこで断ち切って神まつりの聖なる世界に入ります。とくに共同体の場合は真剣で、禊《みそぎ》をしたり、精進に服し、氏神の境内をはじめとして氏子区域をきれいにします。そして晴着を着て敬虔な祈願、おごそかな神事を神前でおこないます。そういう非日常的な場をハレ（晴れ）とかハレの日とよんで重視しています。人びとはこのハレの祭りをつとめることによって、はじめて新しい気持ちで再び日常の仕事やふだんの生活に戻ることができると考えたのです。その日常の暮らしをケと称していたわけです。このハレとケは交互に訪れてきて人びとの暮しにリズムをもたらしました。まずハレのときには「かわりもの」といって、おこわ、餅、すし、五目飯といった特別な料理をする。日常食べない珍しいものをいただく。それに対してふだんの食事をケといい、ヒトカタケ、アサケ、ヒルケ、ユウケなどと申しました。またふだん食べるお米をケシネと言う所があります。シネとは稲、つまり米のことです。ケの

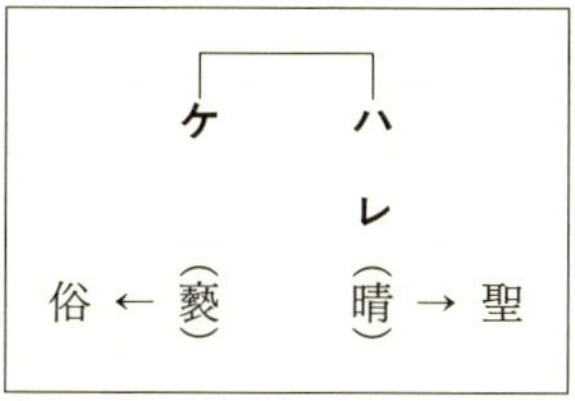

図11

食べ物はハレと対照的に質素で粗末なものでしょう。それはふだんの食べ物で、ハレには食べない。しかしいったんお祭りになりますと力を入れて豪華な食事を作り、晴れやかな衣裳をつけて神前にぬかづき、そこでハレの儀式をいたします。ケとハレと、この対比が日本ではとくに目立っているのです。

日本はもともと本来の文字をもっていなくて、中国から伝来した漢字によって言語表記をしたわけです。日本語のケ、それは漢字で褻。音はセツですね。漢和辞典を引きますと漢語の褻は普段着《ふだんぎ》のことで、食物に対して褻という表記はないのです。そこは問題でありますが、その点を柳田は詳しく説明していないのです。けれども日本語のケに褻の字を当てております。普段着をケギという所もありますが、一般にはふだんの食べ物のこと、とくに飯米をよぶときにケの語を用いています。

私は新潟県の小千谷市に近い村の生まれであります。長野県の千曲川と犀川とが川中島で合流し、飯山を通って新潟県へ入ると信濃川になります。その信濃川沿岸を下流まで調べていきますと、ふだんに食べる米のことを「ケシネ」といっております。新米のことをニイシネといいますから、シネというのは稲であると同時に米ということなんですね。餅はハレの食べ物ですけれども、その餅でないふだんの粳《うるち》米をケシネと言うのです。土蔵や米蔵《こめぐら》からふだんに食べる粳米を五日分とか一週間分出してきて、それを台所の棚元の米櫃《こめびつ》に納《い》れておく。主婦はそこから量って鍋釜で炊く。昔は鍋で炊いておりました。納屋から出して五日なり一週間なり食べる分を入れる米櫃のことをケシネバコあるいはケシネビツと言っております。臼と杵で米をつくことを「ケシネをつく」と言います。東北でも西日本の各地でもケシネという言葉はありますが、南信州のこの辺はどうでしょうか。

とにかくケシネのケという語は普段とか日常のことでしょう。ハレの糯《もち》米に対してケの日常の食事に用いる粳米であるということになります。しかしそれ以前、大陸から稲米が伝来していない古い段階ではイモ・アワ・ヒエを食べていたわけですね。そういう時代には何とよんだのか、縄文時代の名称はわからないので残念ですが、はじめから普段に純米を食べるわけはないのであって、多くはヒエ・アワ・ムギをまぜて炊くのが普通でした。それ以前はアワやヒエだけの時代もあったのです。ところが、それもケシネなのです。そうしますとシネという言葉は単に米だけではなくて、アワもヒエもふだん食べるものはケシネと言ったということになるのではないでしょうか。しかしこれにはまだ問題があります。そこまで柳田は言っていません。要するにケの生活とハレの生活があって、これが常民の暮らしを支配している二つの原理だとおっしゃったわけであります。

ケからハレへの転化──三極構造論の起点──

ケはただ単に食べ物だけではなくて、日常身につける普段着をケギ（褻着）と言うことは先にふれました。仕事着は労働着といわれていますが、それも含めてケギと言っています。ところがふだん暮らすところの日常空間をケドコ、あるいはケゴと言っている地方があります。そこにはケシネビツが

図12

置かれ、ケシネを取り出して昔は鍋で、もっと大昔は甑《こしき》で炊いていました。ご飯のことをヒトカタケと言いますね。「折角ですからヒトカタケでも食べて帰ってください」というわけです。ケは食事のことであり、食材のことであり、人間の生活を維持するために非常に大事なもの、それがケであった。ですからアサケ・ヒルケ・ユウケと言います（図12参照）。それによって労働をなしうる力がわいてくる。そのエネルギーの根源がケであったと私は思っているのです。

私はこの問題をずっと考えておりました。柳田の解説で二大原理の措定《そてい》はわかるけれども、それだけではなお十分に納得するところまでいっていないのではないかという疑問を感じたのであります。なぜかというと、たしかにハレ・ケ二元論の提言は、民俗を説明する重要なセオリーであって、独創的な発想です。しかし、それでは日常生活のケ、つまりケシネを食べているふだんの暮らしの段階から、何を契機としてハレの舞台の生活へと転換ができるのでしょうか。その疑問に答えていないと思うのです。

たとえば昔の伊勢講では、クジを引いて当たると講中を代表して伊勢へ代参に行くわけです。そこで代参者の家では周りに注連縄をまわし高い笹竹の門注連《かどじめ》を立てます。それ以後は忌みを避けて潔斎にはいるのです。穢れが中に入ってはいけないので、妻がお産をすることになりますと、代参は取り消しになってしまう。氏神の頭屋《とうや》についても同じことがいえます。頭屋は氏子仲間から選ばれ一年間氏神を守り世話をするのが大事な役目ですね。そこで頭屋の家ではお祓いをして塩水で清めて注連縄をはる。もっと丁寧な家ではオハケといって軒先に高い笹竹を立てる、笹竹が立っている間は一切の穢れが入ってはいけないといって厳重に守ります。

人びとの日常生活では、田畑に肥料を施すために下肥にふれるでしょうし、食材をえるために鶏や牛馬の屠殺も行われたでしょう。しかしいよいよ祭りが迫りお籠《こも》りがはじまりますと、注連縄をはって穢れが入ってはいけないことになります。そうした潔斎によって祭りのハレ舞台が設定されるのです。もともとはケの生活が展開されていた日常空間は、祭りという一つの神聖な儀礼を行うための全く次元を異にするハレの舞台へと転換されるわけです。

その点では人の死についても同じ原理がみられます。喪家では門口に忌中札を立てて、外界との交流をさけ喪《も》にはいります。そして葬儀がすみ四十九日の中陰の法事が終ると、はじめて忌中払いをしてケの平常態に復帰できるのです。また神棚には白紙を貼ってそこだけは穢れの入らないところと見立てているわけです。そして四十九日がすみますと、白紙をとり去り塩をふって清めて祓いをいたします。そこでようやく元の日常生活に戻ることができる、そういう仕組になっているのです。

同じ構造は民間の歳時儀礼のばあいにも生きています。たとえば春の田仕事がはじまるときには田の神を迎えて田の神祭りをする舞台になる。山の神の祭り日には居間を清めたところに祭壇を設けて神を勧請するというふうにケの転換をはかります。問題は、そのケからハレへの転換がどうして起こるのだろうかということです。回り舞台をまわすように、その軸になっているのは何だろうか、残念ながら柳田はその原理について詳しく説明して下さらなかったのです。あるいはお考えだったでしょうし、当然ご存知だったにちがいないでしょう。けれども、その説明を具体的に示されることはなかったのです。そこで私は、この場合に転換する軌軸になるのは何か、日常のケから祭りの展開されるハレの舞台へ、またハレから日常のケの生活へ復帰するターニング・ポイントは何であるのか。言葉をかえていえば俗から聖へ、聖から俗へと移り変わる、聖俗転換の原理を明らかにしないと、世の納得がえられないだろうと考えて、苦心のすえに編み出した仮説が、次の「ケ・ケガレ・ハレの三極構造」の図（図13参照）でありました。

この構図の解説はしばしば触れましたので、(3)詳しくはそれによってご理解いただきとうございます。簡略して申しますと、ケとハレの関係は手押しポンプの原理に似ていると思います。まず水が欲しくなるとポンプの把手を上下に押して水を汲み上げるわけです。はじめに手押しの柄を上下にうごかす。するとポンプの空気が外へ吐き出されて内部は空洞になります。空圧が下がれば必然的に地下水は中へ吸い込まれ、パイプを伝って上昇し、そこから吐き出し口を通って外へ流れ出る。そういう仕組みになっています。

人間の生活でも日々の労働がつづくと心身が消耗してケのエネルギーが涸渇し、ポンプの空圧低下と同じくケガレ現象をおこす。そのまま過ごすと精力の減退が極限に達して生命の危険が迫る。それでは困るのでケガレ解消のためにケのエネルギーを賦活する必要があります。そこで祭りとか行事などのイベントを設けて休息をとり、神々をまつる。ハレの空間（ポンプの空洞）をつくって神の霊力を取得する。あるいはハレの食事を摂ってエネルギーの回復（地下水の吸い上げ）を促すことになります。

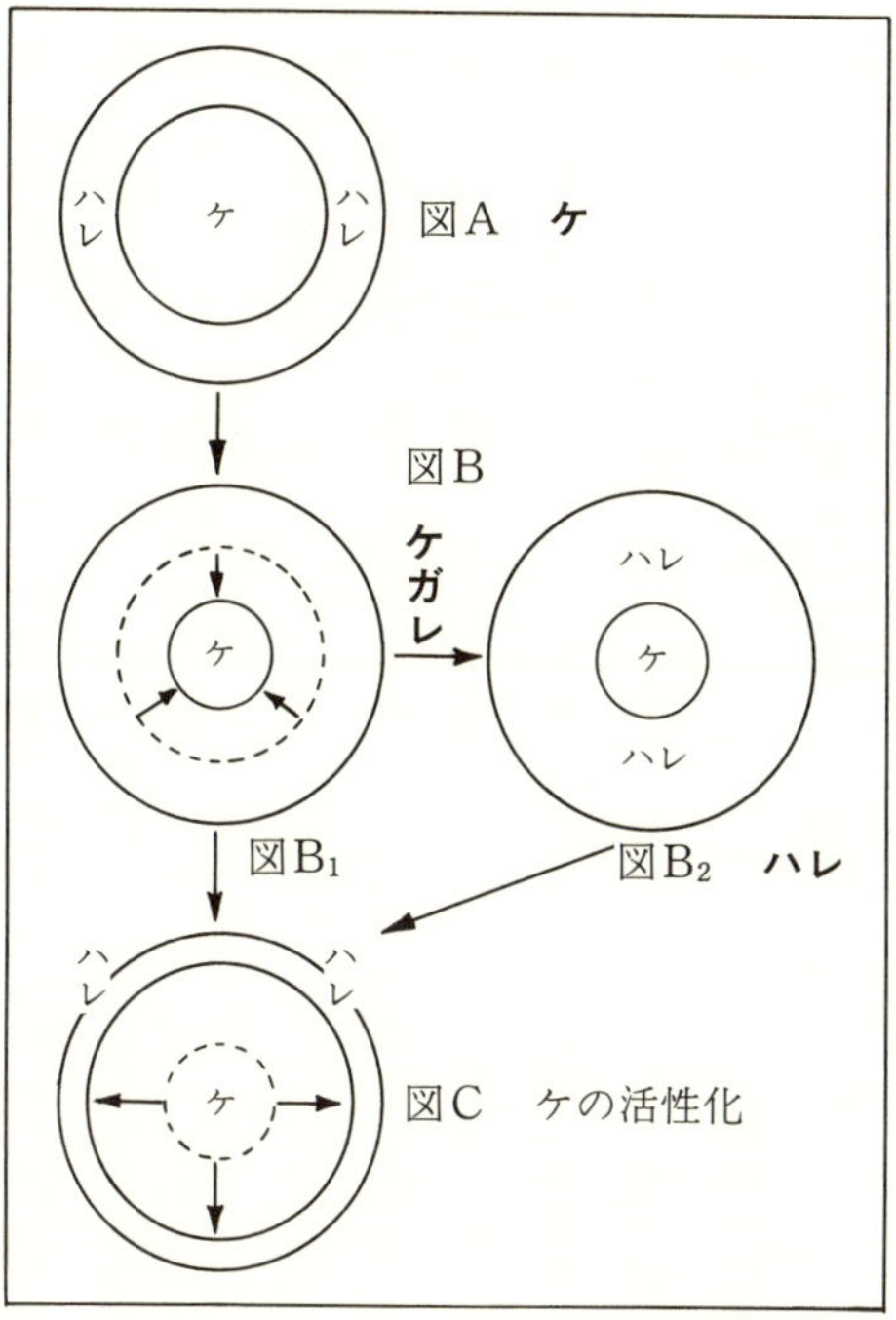

図13　ケ・ケガレ・ハレの三極構造

これを図13でみると、図のA状態からケのエネルギーの消耗した図B_1のようにケガレが生じますと、人びとはそこから離脱するためにハレの空間の図B_2へ転換を求めます。そして、そのハレを通過することにより、図Cのようにエネルギーが賦活し、旧の元気な姿、つまり図Aの状態に立ち戻ることになります。このA→B_1→B_2→C→Aすなわちケ↓ケガレ↓ハレ↓ケの循環原理こそが、日本人の民俗構造を端的に示すものではないでしょうか。そこで、ケ↓ハレの転換軸となるケガレの民俗相についてもう少し触れておきましょう。

ケガレの民俗

ふだんの日常生活は生から死にいたるまで時間的に長く続くのですけれども、それにくらべるとハレの期間は非常に短く少ないのです。その長い日常生活のうちにはドロドロしたものがたくさん積っています。喜怒哀楽とか貧病争をはじめ多くの穢れも進んできますし、いろいろと俗的なことで苦労が重なってくるわけですね。塵もつもれば垢もたまる。健康上よくないから心身の掃除をしなければなりません。入浴で垢をおとす。洗濯もすれば建具の補修や家屋の増改築もする。そして暮らしが長つづきするよう工夫する。ところがその状態が長く続きますと、人間の活力はしだいに衰えてくる。労働の時間が長びくと疲れがでてきましょう。だから、それを癒すために休息し栄養を摂り、精力を旧にもどすようはかります。十分に睡眠をとれば、また元気で仕事に励む力がわいてくる。そういうふうにしてわれわれの暮らしは持続されるわけであります。

それでも病気とか怪我とか不時の事態が起こります。人力ではどうすることもできなくなると人びとは仏神に救助を求めるわけです。日本人の神信心というものですが、霊験ある神に願掛けし、その成就のために、滝に打たれたり、渓流に浴して身を清める行《ぎょう》に服するのです。それをコリトリとよんでいる意味には考えるべきものがあります。われわれは長い間仕事をすると肩が凝《こ》ります。だから肩をもんでもらう。日本語の垢離《こり》を掻《か》くはそこからきているんですね。そのままではいけないので、その垢《あか》を取り除くために垢離取りが行われてきました。祭りの頭屋となって神事に奉仕しなければならないときには、海の潮水を浴びて体を清浄にする。山の方では谷川のせせらぎに身を投じて禊《みそぎ》をして清らかになって、はじめて祭りの場に立つことができるといわれております。それらの潔斎《けっさい》は潮垢離とか水垢離、総じて垢離《こり》取りといいます。垢離取りの語意を神事では特殊な意味につかっておりますが、世俗の用いる垢を離す、肩の凝りを取るのと同じ意味ではないかと思っております。禊とはもともと身を削《そ》ぐこと、つまり身についた垢を取り除くことからきているでしょう（図14参照）。

図14

身体の場合と精神の場合と二つに分けて考えてみる必要がありますが、人間の心の場合についても同じことが言えるわけです。ケの暮らしが持続すればストレスがたまり当然、精神的な消耗のヨゴレが出てくる。これが健康を害する。身体的に凝りが固まるから除き取る。あるいは垢や汗がたまるから除く。ですから精神的にも身体的にもヨゴレが人間の健康を害するということになれば、ケの力が消耗することになります。

病気になったりストレスを起こすことになります。人間が生命を保持するためには、ケのエネルギーがだんだん消耗し細くなって、やがてそれがゼロになれば死にいたるわけでしょう。そうなっては大変だから、ケのエネルギーをもう一度復活させることが必要になりますね。今日では精神医学や心理学の進歩ですぐに医者かカウンセラーを頼む、衛生観念が発達しているから清潔に注意して予防につとめることになりましょう。部屋にチリやアクタがたまれば直ちに掃除機を動かすことになるわけであります。

ケガレがたまってくると人間の生活はだんだん生気を失っていきますから、それでは困る。そこでケガレの状態から早く離脱する必要がある。そうしないと心身ともに衰弱し、病気となって生命の危険がせまる。はやく危機を脱出するにはどうしたらよいか。そこが問題であります。ケは気であります。日本語のケは、漢語のキ（気）に通ずるところがある。日本語で「向うっ気《き》が強い」などといいますね。同時に食い気、色気、血の気、寒気、眠気、火の気、風邪っ気など。ですからケの元の意味はふだんの日常態を指すだけでなく、日常の生活を維持させてくれるエネルギーの根源を意味する、つまり気が、ケのなかに含まれると考えるわけです。空気を吸ったり吐いたりすることで人間は生命を維持することができる。息のイキは命の気であり、しかもキはケと同意にとられている。そのケがかれては一大事です。日本語のケガレはそういう意味ではないかと考えるのであります。そこで「カレ」るという意味をもう少し吟味してみましょう（図15参照）。

たとえば、秋になると蓮の葉がすがれて悄然たる姿を呈しましょう。地下茎は生きていますが地上の茎は水分が欠乏して生気を失い枯れてしまう。つまり末枯れ現象を指す。盛りを過ぎて衰弱した様子をスガレというのと同じ用法です。スとケとは、そのものを成り立たせている根本的エネルギーを示す語意をもっています。あるいは天候不良で凶作がつづき、食べ物がなくなってケカチ（飢饉）になる。そうした空腹の飢えもありますし、水分欠乏の渇れもあります。ケのエネルギーが離れていってしまう。ときには生命力のケが体の外に出ていってしまう現象を示すわけです。ですからケガレの日本語の元の意味はケの精力が消滅し生命が危くなった状況を指すもので、後のように血の穢れ・産の穢れ・死の穢れという忌避すべき汚穢ではなかったのです。そのもの自体が生気を失って枯れてしまった、生のエネルギーが体から離れてしまった状態を形容したのではないかと考えられます。

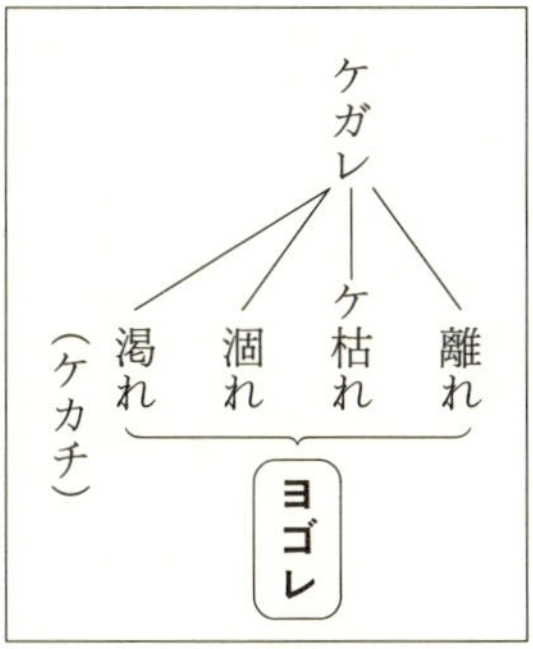

図15

ところが、その原意が神道の側で明浄直を教説にとりいれ、次第に神事の聖化に力を注ぎ、清浄潔白を強調するようになりました。あるいは仏教の側でもそれに倣って神仏習合の風潮が盛んになりますと死や埋葬儀礼を不浄視し、吉凶の区別をつけて忌避しようとしました。ちょうどインドのカースト制のような形で、アンタッチャブルなどと、触れればこちらが汚染されてしまう存在というふうにとったのです。神道にも仏教の教理にもなかった本来の穢れの観念が、のちに神道体系が整理されてゆく段階で歪曲され、仏教が日本化する過程でインド原始仏教の意味が失われたのです。血の穢れをもった女性は死後血の池地獄に堕ちるなどという偽経まで作って強調しました。そこに今日の触穢観念の起因があったのではないかと考えるのであります。

私が考えた日本民俗の三極構造体系は、神仏エリート層が神学理論を打ち立てる以前のナイーブな生活そのものの中にみられるアニミズムであります。ケとハレとは決して互いに対立している存在ではなくて、むしろ相補的な関係にあります。いつもケが充足した段階であるのが好ましいのです。それを支えるのはハレです。そのケがだんだんに消耗することによって小さく押しつぶされていく。小さくなるケがゼロになれば死にいたるわけです。それでは困るのでケを支えるハレの舞台がつくられるのです。つまりケの世界をハレの世界に転換して、ケのエネルギーの賦活をはかることになります。それによってケが活性化しよみがえってくればいいのです。そして元のようにケの輪が大きくなってくる。みんなそれを希っているわけです。問題はケガレをどのように転換していったらうまくゆくのか、その転換の軌軸がどう回転するか、その原理をみつけることが大事であると考えるにいたったのであります。

ケガレからハレへ

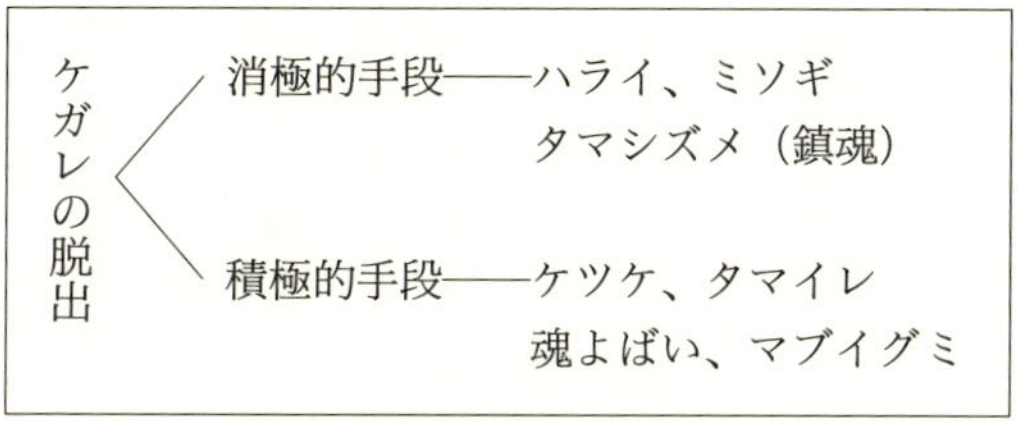

図16

ケが枯れてエネルギーが弱くなるといろいろの障害がおこります。心身両面から種々の障害におそわれます。それを払うためにいろいろの対抗手段を用います。しかし究極的には神仏の宗教者に頼むことになります。例えば心身の病気やチリ、アクタ、邪悪を払う場合、神社で修祓を願うだけでなく、民間の巫女・行者や修験道の山伏などにも頼みます。垢や汗を洗うのが祓禊（ミソギ）、垢離取り（コリトリ）などといわれております。こういう行法はケガレから脱出する手段として古くから民間で行われていました。あるいは物忌（モノイミ）の精進も真剣でした。それらを修することによってはじめてハレの空間にわれわれは入ることができたのです。

ケガレから脱出する場合にはどうしたらよいでしょうか。消極的手段と積極的手段との二面があります（図16参照）。一つはハライ（祓い）、ミソギ（禊）、タマシズメ（鎮魂）の修法です。それによって、ケガレから離脱できます。積極的な対応策は、ケのエネルギーを身につけてくれる神事、ケツケを執行することです。そのために聖なるハレの空間を創成する必要がありました。つまりマツリや歳事儀礼を催すわけです。それには共同体と個人の家の場合がありますが、いずれも神をまつって、その霊力を身につけ、それでケのエネルギーの活性化が可能となるのです。

あるいはまた、タマイレということが行われているのです。人間が病気にかかったり死ぬ目にあうと魂が体から脱出してどこかへとんでいってしまうわけですね。それでは困るから魂よばいといって、霊魂を呼び返して体の中に魂を入れる呪法がみられます。その遊魂が体内に戻れば復活して生き返るというわけです。

沖縄の例を挙げてみましょう。沖縄本島では魂のことをマブイといいます。その飛び出したマブイを取り戻すマブイグミの呪法をユタがいたします。沖縄ではシャーマンのことをユタ、また共同体のウタキ（御嶽）祭祀を司るのをノロといいます。共同体の祭祀はノロ（祝女）が司祭し神霊の憑依をうけ、マブイグミはユタ（巫女）の担当です。ユタは、抜け出た魂がどこにいるか突き止めて、そこから魂を呼び戻してくるのです。病人の着物を持っていって、魂の憑いた石ころを三つか五つ着物にくるんで、「マブイが帰ってきたよー」と言いながら家に戻り、病人の頭の上にそれをのせるのです。それでマブイが体内に入り、病いは治り生き返ります。そしてマブイメシを食べさせます。食べることによってケガレから脱出できて、ケのエネルギーが賦活するのです(4)。本土でも出産の際に産婦がウブメシを産神様にあげると胎児の誕生がみられるといいますね。新しい生命出現の力がウブメシにあるわけで、マブイメシと同じ考えだといえましょう。

ケを活性化するためにはハレの神聖空間を濾過しなければならないんですね（図17参照）。まず心身

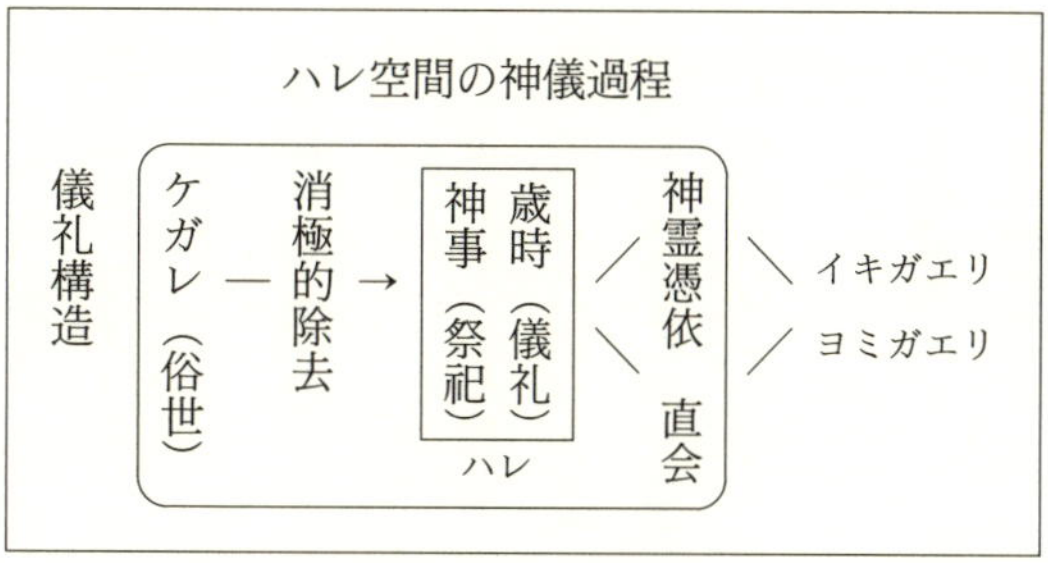

図17　ケの活性化

を汚染したケガレは、すでに触れたようにハライ、ミソギ、コリトリによってきれいに取り去る必要がある。それは人びとがハレ空間の関門をパスする第一条件である。そのためにハレの神聖空間を設定しなければならない。つまり祭りということになります。その祭祀空間でケを活性化する重要な儀礼が展開するのです。

　昔のマツリには必ず神が降りてきたんですね。そして託宣が下されました。今でも神子《みこ》神楽といって、緋のハカマをつけ神鈴と檜扇をもった神子が舞いますけれども、あれは形式的なものです。本来は、舞っているうちに祭神の霊が神子（巫女）に憑着して神懸《かみがか》りとなり神託を下すんです。[5] 今年の米は早稲がいいか晩生がいいか、養蚕は春蚕《はるご》のできがいいか秋蚕《あきご》がいいか。この一年の間はやり病いがおこるかどうか。二百十日の風の害はどうか。そういう村むら町まちの命運を予め氏子たちに告げるのです。これは非常に大事な神事ですが、同時に個々の家や個人にも神託が下ります。氏神の霊が巫女について下りてきて氏子に乗りうつることにもなります。それによって人びとのケガレは解消し、新しい精気がよみがえり生命の賦活をもたらすわけです。

日本の祭りには必ず海や野や山の幸を神前に供えますね。そこに神霊が降りてきて供えたミキ（神酒）やミケ（神食）をはじめ海幸、山幸、野の幸にも憑依します。その神饌を神ともどもに食べるのが直会《なおらい》という神事なのです。これも欠くことのできない重要な要素です。だから普段の食用米とはちがうんですね、そこには神霊がついているのですから。それをいただくことによって神の霊力が人間の体内に植え付けられる。そこではじめて勢いがついて人間はよみがえり、生き生きとしたケの日常生活をおくり得る状態になる。つまりハレの神聖空間を濾過することによってケの活性化がもたらせられる、こういう構造上の転換が構想されたのではないかと私は思うのです。そしてケガレの本来の意味は、今の日本人が考えているような血・産・死の穢れとはちがった性質のものであったと解釈することができるかと考えています。広く民俗的な事実を探っていけばいくほど、そのように理解した方が自然ではないでしょうか。

発想の原点

以上が柳田のケ・ハレ二元論からの示唆・教訓をもとにしながら私の考えて得た結論であります。柳田民俗学はあらゆる点において新しい発想の原点を秘めているのです。こんこんと湧きでる泉の源となっております。偉大なる柳田國男の学問を徹底的に消化し理解した上にたって、では次にどのように新しいものがそこから生み出されてくるのかを考えなければならないと思います。民俗学は民間の日常ささいな中に問題を発見し、そこから新しく創りあげていかなければならない学問であります。そうでなければ新しく生き延びていく学問にはならないのではないでしょうか。その点において、本研究所は実にいい場所であります。喜談書屋の息吹がただよい、近在の伊那谷には豊かな民俗資料もたくさんございます。それらを活用しながらご努力いただければ、柳田民俗学の新展開に大きく寄与することが可能です。そこまで進めば柳田もまた以って瞑すべしというべきでしょう。
たいへんとり急いで申し上げましたが、私の気持ちだけはお伝えできたかと存じます。どうもありがとうございました。

注

（1）この記念講演は、翌年一月に伊那史学会機関誌『伊那』に掲載された（拙稿「柳田國男の祖先観」上・下、伊那史学会『伊那』三六―一・二、昭和六十三年一・二月、参照）。のちに改稿し題目を「柳田國男の祖霊観」と改めて駒形先生退職記念会編『新潟県の歴史と民俗』（堺屋書店、昭和六十三年五月）に載せた。
（2）柳田のハレ・ケ論は著作の各所で展開されているけれども、とくに『木綿以前の事』（創元社、昭和十四年、のちに定本一四所収）、『食物と心臓』（同上、昭和十五年、定本、同上所収）で触れている。
（3）拙稿「民俗宗教における聖と俗」駒沢大学宗教学研究会『宗教学論集』九、一〇、昭和五十四、五十五年、のちに「聖と俗の論理」と題し『櫻井德太郎著作集』九巻(吉川弘文館、昭和六十二年)に収録(四九〜八六ページ参照)。

(4) 詳しくは拙著『沖縄のシャマニズム』(弘文堂、昭和四十八年)参照。

(5) 詳しくは拙著『民間信仰と現代社会—人間と呪術—』(評論社、昭和四十六年)参照、のちに『櫻井德太郎著作集』四巻(吉川弘文館、平成二年)所収(三六五〜三八四ページ)。

付録

信仰と民俗

柳田國男

一

昭和六年夏、皇学館に招かれた三日間の夏期講習会で、日本民俗学の大意を説いたのであるが、本日は、それ以来進歩して来た現状などを報告し、皆様のこの方面についての関心をいちだんと喚び興したい。

私どもの民俗学は、新興の学問として、また民間から生れ育った学問として、久しい間、世の共感を得られなかったけれど、今日では、もはやそれは、昔話となった。とくに戦後は学校の社会科教育の提唱などによって、民俗学の実効は大いにたかめられた。このように、今日ではこの学問は、広く世に認められ、かつその研究もかなり進んできたことはことさら説明しなくともよかろう。しかし私どもはここで、民俗学のこのような進歩の上に、伊勢の学問が大きく寄与していることを忘れてはならない。このことは後でゆっくりと触れたいのであるが、その前に一言述べておかねばならないのは、この間において、受けられた伊勢の衝撃についてである。

二

このたびは皇祖皇宗も予想も及ばぬ大変革に遭って、微々たる私等のごとき者までが、これによって新たに痛切なる責任を深く感じている。この責任をどのように果して行くのが日本人として最も適わしいのであろうか。もうそろそろこの点を真剣に考え、戦後国民の頭の中に塊のように固っていたしこりを解きほぐしにかかるべき時期が来たように思われる。そこで、一つの問題を提示して皆様の熟考を煩わしたいのである。

以前私は、国家神道観のもっとも盛んなときに、神社も宗教であるということについて論じたことがあったが、今度は改めてまた、「神社は果して宗教か」という問題をどうしても考えねばならなくなった。

宗教については、広狭大小幾つもの見方がある。僅か三人か二人の教師をもつ、いわゆる新興宗教も今は官庁がそのうちに入れて数えている。人の信ずるものがすべて宗教だといえば、一人のものさえありうる。いっぽうに教主をもち伝達の組織を具え、しかも世界のどの隅々にまで行っても説くことの出来るものが宗教だということになると、現在三つか四つしかない。それぞれの宗派の各を一つに数えても、その数は知れている。

ところが、それ以外に、われわれが自然宗教、固有宗教の名を以て称んでいるのがある。これは、それぞれの民族ごとに古くから持ち続けられて来ったもので、これをしも宗教とよび、その中に加えることはどういうものであろうか。これはむしろ「信仰」という名をもって呼ばるべきもので、前の一般宗教とは区別しなければならないのではなかろうか。私は又々この問題を考えなければならない立場となった。しかし私自身はもう、そうながくいつまでも考えてはおれぬ境遇で、そうかといってこれを引継ぐに適当な人も他には余り多くない。皆様の中から我もという方の出て来られることを深く期待する次第である。

三

この地で発達した学問の最も尊ぶべき点は、常に全国民のために精神生活の問題を考えて来られたということであった。かつて中世に一度、吉田の神道と対立したことはあったが、私等から見るとこれは勝負にもならなかった。いつの世にも、それほど固く結合した信仰の一大中心ではあったが、これまで一度も、自己主張、自己防衛をされたことはなかった。当世風にいうと、セクショナリズムの弊に陥ったことがなく、常に日本総体の幸福のために、物を考えるという資格を持ち続けておられた。今後もこの態度は続くものと私は信じている。

中世から近世にかけて、伊勢に関係ある人々は、よく全国を旅行してたえず地方の人々と深い結びつきをもった。このことは多く遺されているかれらの紀行文や日記などを始め諸記録の示すところである。学者にとっても御師にとっても、巡国ということが大きな職務の一つに考えられ、そこにかれらの生涯の大部分をかけるほど大きな意義を見出していたのである。これは一方には伊勢崇敬の念を広く国民の間におし及ぼす効果をもたらしたし、また他方ではかれら自身国民の信仰生活の実状を十分に知り尽すことにもなり、伊勢に住むものだけが国民から浮き上ってしまうという弊はおこりようもなかった。

ところが近年になってからは、必ずしもそのような楽観は許せなくなってきた。都鄙の対立、中央と地方との隔絶、雅俗の差には、とくに著しいものがあり、時と場合によっては、両者がことごとく対立するという状勢も現われて来た。とくに注意さるべきは、民間に伝承されてきた伝統的信仰についてであろう。たとえば田の神、山の神、火の神などの信仰がそれである。これらの信仰についてはいては村々の神職さえも全く顧みようとしなかった。したがって中央で一片の心遣いだに見せなかったことは、まことに当然の帰趨であった。

しかし村に住む人々の個々にとって、これほど痛切な衝撃はいまだかつてなかった。いかなる方式であれ、人間の各自の憂いを除き幸福を進めるためには、心力を傾けて尽すべきであったにもかかわらず、今まではそれがほとんど顧みられなかったように思われる。仏教などの異教が入りこみやすかった事情も正しくここに存していた。

個々人がもつ、こうした些やかな願望についても、もっと思いやりの心をもって考えてやるべきではなかろうか。たとえば、民間に広く「願掛け」とよばれているような、極く私的の祈願であっても、それがどういう意味をもっているのか、また広く日本人の信仰生活とどのような関連がみられるのであろうか、こういうことについて、より深い親切な説明をなさずに、それは俗信だと無下に否定してしまうようでは、余りにも同情なき心遣いというべきであろう。

四

そこで、私が、ここに、大きな問題として提示したいのは、日本人の幽冥観である。日本人は、人間の霊魂をどのように観念していたか、また死後の世界をどのように理解していたかという問題である。もちろん、今日日本人の多くが考えているもののなかには、仏教やキリスト教の影響を多分に受けていると見られるものの存在することはいうまでもない。しかしここでは固有の神道の立場からそれを考えてみようというのである。神道は現世教だから霊魂のことを考えてはいけないという理由はなかろう。

いったいに神道では、あまりに死穢を嫌い過ぎたために、人間死後の問題一切を挙げて信仰の外に駆逐してしまった。これは何か片手落の感がしないでもない。人間は死によって肉体が朽ち腐り、それはまことに汚いものであるというのは、いうまでもなく太古からの考え方で、古事記等からそれを示す証拠は幾つも挙げることができよう。しかしそれとは反対に、死して残るものには太だ清いものがあるという考え方もまた示されている。人間の死後は、己れのことを全く忘れ去り、子や孫など現世に遺る者の幸福を専心に考えうる時期という風にも意識されていた。少くとも、われわれの祖先はそのように信じ、或種の予約をしつつ「あの世」へ行った。目に見えない所から助けてやろうという計画を心の中に持ち続けていた。彼らが、何の屈託もなく楽しく幽界に旅立つことができたのは、こうした計画が実現できると固く信じていたからに外ならないであろう。

五

これまで幽界についての研究と関心には、いかなるものがあったろうか。わが国のこの方面の窮明は、起りかけて忽ち衰えたというのが現実であろう。平田篤胤らはその一人として著名であり、ほかにも矢野氏、池原氏、さらに宮地嚴夫氏を始め、松浦萩坪先生を中心にこの方面の研究もかなり進んできた。私などはこれらの人々の研究が正に消えんとする頃に世に出て、偶然にもその後姿の若干を見ているわけである。この問題は、確かにこれまでの日本神道の研究に欠けていた一面であると思う。人間の死と「あの世」の関係、人間の霊魂の行方の問題、こうした人間にとってもっともシリアスな疑問を、無視して過したということは到底考えられないことである。伊勢においても、この方面の研究者があったことははっきりしている。ただまことに遺憾なことだが、それが伝わって居らないように思われる。

この問題は、決して正否真偽を云々するという筋合のものではない。それは、無視すべからざる過去の事実であり、古代人の観念であった。それを明らかにすることが、日本神道を研究する上に、極めて重要であることは申すまでもなかろう。

たとえば、日本書紀の伊弉諾尊が崩御された項に、「神功既に畢へたまひて、霊運当遷《かむあがりましなんとす》。是を以て、幽宮を淡路之洲に構《つく》り、寂然《しづか》に長く隠《かく》りましき。亦曰はく、伊弉諾尊功既に至りぬ。徳亦大なり。是に天に登りまして、報命《かへりごとまを》したまふ。仍りて日之少宮に留り宅《すみ》ましぬ。」とある。「日少宮」の問題や伊弉諾尊の御行方についてどのように理解したらよいのか。また古事記は、少名毘古那神について、大国主神が出雲の御大之御前《みほのみさき》に坐すとき、海上より一人の神が船に乗ってやってきた。その名を問うたが答えないので、久延《くえ》毘古を召して問わしめたところ、「神産巣日神《かみむすびのかみ》の御子少名毘古那神なり」と答申した。その後、この神はやがて「常世国《とこよのくに》」へ渡って行ったというのである。ここに出て来る「常世国」とはいったい何であろうか。

これらの問題を解く緒《いとぐち》は、果して発見することができるだろうか。多くの人は、それは解ける筈がない。書いたもの、文献が残っていないから、というのがこれまでの結論であった。しかし、このような重大な課題を、そのようなあきらめで放置し断念してよいものであるかどうか。私は或る程度まではっきりさせることができるとの確信をもつ。わが国のように、一つの列島に国を造り、同じ民族が変らずにそこで生活してきたという特殊事情をもつことが、私のこの確信の大きな支点となるのである。

しかしそれは、もちろん単なる空想では駄目であって、確実に実証されなくてはならない。その確実な証拠を出してみようと努力し、また方法の上でも誤りないと確信してきたのが、わが日本民俗学であった。われわれは、決して、かくしなければならぬとか、かく心得なければならぬなどと強制し主張するわけではない。事実を明らかにし、それを資料として各自が判断することができるように整理するのである。これが学問の目的であり、その正しい立場というべきであろう。学問が宗教とおのずから異なる所以がなければならないと思うわけである。

六

日本人の幽冥観を探る一つの手続きとして、かれらが死体をどのように処理したかというところからはいる方法が考えられる。つまり墓制の問題である。中国の漢民族の場合においても、またエジプトのピラミッドなどについても同じように、それぞれの民族が墓場をどのように作っているかを調べることによって、われわれはその民族の霊魂観の一斑を知りうるのである。

古墳時代のことは、考古学の発掘によってしだいに明らかにされてきた。しかし、前方後円墳といった大規模のものは、王侯貴族のものであって、多分に中国や半島あたりの大陸文化の影響をうけている。従って、これがわが民族のなべての葬法であるとは、とうてい考えられぬ。あのような権力や財力をもたなかったなみの日本人は、いったいどのような葬り方をしたのであろうか。

このことについて、われわれの仲間が、年来努力して発見したものに両墓制の問題があった。私もこのことに著目して、凡そ二〇年前に、人類学雑誌第五〇〇号記念特集「人類学論叢」(昭和四年六月)に、見解の一端を寄せ、葬地と祭地と二種の墓地が存在することを注意しておいた。両墓制というのをごく簡単にいうと、死体を埋葬したところにつくったお墓と、そのほかに別のところに石塔を立てて詣るところのお墓と、この二つが同時に立てられているという様式である。この両つは地方によっていろいろの呼び方があるが、前者を埋め墓、後者を詣り墓とよんでおく方が便宜かと思う。この両墓制の分布区域は、各地方の民俗学徒の努力によって、かなりはっきりしてきた。現在のところ知られているのは、近畿地方を中心に、東は中部地方の東海地区から、さらに関東地方、ことに千葉、埼玉の両県に稠密に発見され、それより以東はしだいに疎らとなり、福島県、新潟県の粟島あたりを限界としているようである(このごろ青森県や岩手県などにも発見されたとの報告もあるが)。西南日本では、中国、四国を中心とし、九州では大分県、対馬、奄美大島などの離島に行われていることが伝えられている。

これらの分布地域の宗派を見ると、真言宗が最も多く、つづいて曹洞、臨済の禅宗で、真宗地帯に全く見られないのはそこが火葬を行っているためであろう。がとにかく、真言宗地域のように、日本の固有習俗に対しかなりの同情を示してそれを支えて来たところに、この両墓制が多く分布していることは故なしとしないものがある。

本来埋め墓一つで十分事足りるであろうと想像されるのに、どうしてわざわざ別に詣り墓を立ててそれを拝む必要があったのであろうか。問題解決の核心はかかってこの点にあるように思われる。

今日両墓制出現の原因を故老に問うと、いろいろの点を指摘して説明を加えるのであるが、われわれとしてとくに考えなければならないのは、わが民族が、遺骸の穢れを強く忌み嫌うという風と、この遺骸を遠く避けながらもその死者の霊を迎えて祀ろうという風と、二つの考え方を持っていたことである。このことは単に両墓制の行われる地域だけの問題でなく、広くわが国に見られる「とむらいあげ」の習俗を見ても納得されるところである。わが民間では、人が亡くなって通例三三年、稀には四九年、五〇年のところもあるが、その忌辰に、「とぶらいあげ」または「問いきり」と称し、最終の法事を営み終えると、その日を以て人は先祖になるという慣行が、いっぱんに行われている。北九州の島などでは、三三年の法事がすむと、人は神になるというところもある。南の島々でもそうであるが、沖縄本島でも、三三年忌を境にして霊が御神《おかみ》になると信じられている。旧い家では、御霊前といわれる先祖棚のほかに、別に御神《おかみ》の棚があるが、この三三年忌のとき、御霊前の位牌の文字を削りとって、それを御神の棚に納めるそうである。御霊前への供物は、生ける人に物を進めると同じ気持であるのに対して、御神には毎年二度の収穫祭のとき精進料理を供えるというから、本州で行う春秋二季の氏神祭、先祖祭と全く同じ契機をもつことがわかる。

　こうして、日本列島に広く分布するこれらの民俗の一致は、われわれに、かつての日本民族が共通の霊魂観、祖霊観をもっていたことを示すものである。死者は一定の年月を過ぎると個性を捨て、融合し一体となり祖霊として意識されてくるのである。しかも、この祖霊は、遥かなる幽界から、時々この世に来って、その子孫を照覧するのである。盆や正月の先祖祭、みたま祭、村の氏神祭なども、みなこうした性質のものであって、人間の霊魂はみなこのように、人界と「あの世」とを往来しながら限りなく存続して行くものなのである。これがわが民族の固有信仰の一つの姿を示すものであったことは、永く想像さえできなかったのである。

七

　日本人の幽界観を明らめる上に、大きな暗示を与えてくれるのは、沖縄本島の伝承である。そこで、沖縄において、この方面のことはどのように観念されていただろうか。その点に触れてみたい。

　日本人の古代信仰をはっきりさせるために沖縄が重要な鍵を握っていることを発見したのは、折口信夫君をはじめとする日本民俗学徒の努力と注意であった。この学問の一つの大きな業績はここにあったといっても過言でなかろう。私がこれまで述べてきた幽界観の問題が沖縄においてどうなっているかを明らめておくことは、日本民族の「あの世」を確める上に極めて重要なことである。

　書紀あたりの幽界にあたるものは、沖縄では「ニライカナイ」である。従って、このニライカナイがいかなる処であるかを突きとめることが緊要である。はじめてこれを世に伝えたのは、日本人の袋中大徳であって、これより古い記録は現存しない。この「琉球神道記」という文献が出版せられ、世に行われてから、日本人の関心の的ともなった。曲亭馬琴らもこれを見ている。しかし記録では詳細を知ることができないので、民間信仰の中にこれを探索するとかなり多くの資料を求めうるのである。それによってさきの記録の欠を補い、ニライカナイの本質を適確に知ることができる。

　ニライカナイは、日本神話に出て来る高天原に比定することのできる個所もあるが、本質的に違う所は、それが青空ではなくして、むしろ日の登る処と観念されている点である。しかもこのニライと本土との間には、屢々往来があって、様々のものを人の世に供給したと考えられていた。こうした島々の記録や伝承を見渡して、ニライカナイから人界に渡って来たと伝えられるものに幾つかの重要なものが挙げられるが、そのうちでとくに注目するのは、火と稲と鼠であろう。

　第一の火であるが、日毎に東の地平線から上って来る太陽を望んでいた島人たちは、そこに湧きかえる不断の火があって、テダ（太陽）は、その中から新しく生れるもののごとく想像し、永い体験によってこれを確認するにいたったのである。テダの語源には諸説があって定かでないが、私は「照るもの」の義に解している。この一語は、島の統一以前三山割拠よりもさらに前の時代に在ったかと思われ、テダを讃えていた例が「おもろ」の中に多く見出される。恐らくテダは、火の管理者もしくは火を創造するものと見なされていた。そして、これを国王や邑里の主と見るようになったのは、新しい第二次の段階であったかと思われる。

八

ここで私は「常世国」との関連において日の神の信仰を考えてみなければならぬと思う。

伊勢の信仰は、書紀の記載などを見ても、皇祖という点に力を入れて来たと思われる節があって、日の神としての信仰の跡を訪ね難くしている。この点、沖縄のニライカナイの信仰は、はっきりと日の神信仰の痕跡をとどめていることが判る。ここで伊勢信仰を問題にする場合、われわれはどうしても日神信仰の原初形態を明らかにしなければならぬ。つまり、日本民族の日神信仰はどうであったか、それはその後どのような変化をとげてきたかについてである。

このことは余りにも畏れ多いことではあるが、学問をする者の身として常に考えているしだいである。古代の史書を繙いてみても、この事情をはっきり説明した資料に遭遇することが少い。まず用明紀元年の条が頭に浮かんでくる。天皇は即位後直ちに詔し、酢香手姫皇女《すかてひめのみこ》をもって伊勢神宮に拝《め》して、日の神の祀《まつり》につかえまつらしめた。この皇女は爾後、炊屋姫天皇即ち推古天皇の世に逮《およ》ぶまで日神に奉仕したということであるが、この日の神が天照大神なりや否や判然としない。この他にもあるいは日の神について説明したものがあるかもしれないが、朝廷で日神を祭る事情を詳しく記述した文献に触れ得ないのである。

今日日本列島の隅々に残された片田舎や数多くの離れ小島の伝承に見られる一致は何等奇異の感を抱かせることにはならず、むしろこの方面に対するわれわれの学問を深めしめる大きな条件を提供してくれる。ニライカナイ、常世国など、海上楽土の存在を信ずる人々が、われわれの予想以上に多くこの地域に分布していて、その信仰を継承してきたのである。それは古事記や日本書紀を知らずに分散して住んでいた人々によって伝承されたが故に、かえっていたずらな変形を知らされることなしに今日に及んだものであろう。海上楽土の信仰こそ、恐らく書紀神代巻などが編纂された千二百数十年前よりもさらに以前から、この東方の島々に広く播布されてあったに違いないという信念は、私の心の中でいよいよ固りつつある。海上に楽土の存在を信じた沖縄のニライカナイも、また本州の記録に遺された常世郷も、この二つが全く別物であるように思われるのは、全く知識人の偏見というものであろう。高天原の存在は、こうした楽土を東方に求めた日神信仰に基づく考え方から生れたもので、その日神信仰が成長して天の信仰へと発展したと予想される材料はいくつも挙げることができる。

九

海を故郷と観念したこの国の人々、われわれの先祖は、青垣山のとりめぐらす大和に住んでからも、たえず海を懐しみ憧れた。浦島子の伝説、少彦名命が国土経営の功を終え、熊野之御碕から常世郷へ赴き、そこで永住したという神話なども、そのことを示すものであろう。しかも、この常世郷への交通は、ほとんど太平洋岸の岸辺と結びついているのである。本州に住む人々もまた、南方の島々の人たちと同じく、日の出る方を本つ国、清い霊魂の行き通う国と信じていたに違いないことは、おいおい明らかになってくるであろう。

伊勢の信仰が、このような海上楽土の考え方、東方浄土観や日神信仰を基盤として生い繁ってきたことも、また間もなく実証されるであろう。が、伊勢を常世の浪の重浪《しきなみ》帰《よ》する国として、そこに朝廷の祖霊と観念される偉大なる神の鎮座を請い給うたという古伝などは、深い意味をふくむものとして、大いに味うべきであろう。持統天皇なども、とくに伊勢を愛せられたというが、やはり東海の日出ずる位置にあるかの地を、民族の故郷と懐かしまれたものと拝察される。これもまた、永く民族に伝承された、海上楽土、東方浄土の固有信仰が頭を擡げたと解して然るべきであろう。

あとがき

本稿は、昭和二十五年十月二十六日、神宮司庁の文化講演会でなされた講演「日本民俗学の現状」の要旨を櫻井が綴ったものである。その際なされた速記録は不備の点が多く、ほとんど利用できない状態にあったので、参考の程度にとどめ、多くは柳田先生の手稿「清渚考」に據ってまとめ上げ、且つルビ

をふり章節を設けた。従って文責は一切櫻井にある。事情を記して寛恕をこう次第である。（民俗学研究所　櫻井徳太郎記）

初出一覧

柳田國男との出会い―『国史と民俗学』―（『世界』昭和六十年七月号）
コラム　柳田学で実った幼少期の体験―自分と出会う―（『朝日新聞』平成四年十一月十六日号）

Ⅰ　柳田國男と民俗学研究所

一　私と日本民俗学会―「民俗学研究所」解散前後を中心として―（第七八八回日本民俗学会談話会、平成十二年十二月十日発表の新稿）
コラム　先生の門弟指導（『定本第一九巻月報』一四、昭和三十八年二月）
コラム　柳田國男賞受賞雑感（『教育大学新聞』三七七号、昭和三十七年十月二十五日）
二　柳田と民俗学研究所の解散（『神戸新聞』平成五年十一月十八日号）
三　柳田國男の晩年（牧田茂編『評伝柳田國男』所収、昭和五十四年七月、のち拙著『日本民俗宗教論』春秋社、昭和五十七年に「柳田國男の晩年」と改題所収）

Ⅱ　柳田民俗学の理解と方法

一　柳田民俗学の批判と継承（原題「柳田民俗学の挫折と継承」『週刊読書人』昭和四十八年四月九日号）
二　郷土における民俗像の史的復原―歴史民俗学の構想―（原題「歴史民俗学の構想（上）―郷土におけ

る民俗像の史的復原―」信濃史学会『信濃』二四―八、昭和四十七年八月、のち拙著『霊魂観の系譜』筑摩書房、昭和五十二年二月、同『著作集』八、平成元年、収載)

三　これからの民俗学(原題「提言　これからの民俗学」播磨学研究所編『再考柳田國男と民俗学』神戸新聞社、平成六年十二月)

四　『先祖の話』(原題「『先祖の話』について」筑摩叢書『先祖の話』解題、昭和五十年十月、のちに拙書『日本民俗宗教論』昭和五十七、同『著作集』八、平成元年「柳田國男と『先祖の話』」と改題して所収)

五　仏教民俗学への志向―民間仏教信仰解明の立場―(原題「民間仏教解明の立場―仏教民俗学の導入について―(『宗教学論集』一三、昭和六十二年三月)

六　ケ・ケガレ・ハレの三極構造―柳田学の発展的継承―(原題「ケ・ケガレ・ハレの三極構造―柳田学の発展的継承―」『伊那民俗研究』一〇、平成十三年三月)

付録　信仰と民俗(『瑞垣』一九、昭和二十九年九月一日)

追　記

一、新しく稿を起こした以外の論稿は、すべて「初出一覧」に発行時の題目と発行年月を注記した。また口語体の文章は講演か口頭発表によったものである。当時の雰囲気を留めるために強いて文体を改めないままに掲載した。

二、初出論著からの転載を許容された出版書肆、諸機関、ならびに資料・写真をご提供の各位に対し厚く御礼を申し上げたい。ただし、本書へ収載するにあたっては大幅の補訂をこころみた。併せてご諒承くださるようお願いいする。

三、出版にあたり著者の無理な要望を容れて大変なお骨折りをいただいた吉川弘文館に心から感謝の意を表するしだいである。

平成十五年五月二十二日

著　者

著者略歴

一九一七年　新潟県に生る
一九四四年　東京文理科大学史学科(国史学専攻)卒業　東京高等師範学校助教授、東京教育大学教授、駒澤大学教授、駒澤大学学長を経て
現在　駒澤大学名誉教授、文学博士

〔主要著書〕

講集団成立過程の研究　神仏交渉史研究　日本民間信仰論　沖縄のシャマニズム　祭りと信仰　民間信仰と現代社会　日本のシャマニズム(上・下)　櫻井徳太郎著作集(全一〇巻)　櫻井徳太郎民俗探訪(全四巻)

私説柳田國男

二〇〇三年(平成十五)八月一日　第一刷発行

著　者　櫻《さくら》井《い》徳《とく》太《た》郎《ろう》
発行者　林　英　男
発行所　株式会社吉川弘文館
郵便番号一一三―〇〇三三
東京都文京区本郷七丁目二番八号
電話〇三―三八一三―九一五一〈代表〉
振替口座〇〇一〇〇―五―二四四
印刷＝平文社　製本＝石毛製本
装丁＝右澤康之

ISBN4-642-07778-2